暮らしのなかの仏教

高橋弘依

海鳥社

カット・入江千春

はじめに

「人生において一番大事なものは何か」と尋ねたとき、人は健康、金、家と次々と並べたりするが、なかなか宗教は出てこない。若いころは宗教に無関心な者が多いし、年老いても、あれもこれも必要だが、宗教も必要だと、最後につけ加える程度にしか受け取らない者が多いようである。

「暮らしのなかの仏教」というのは、暮らしに仏教が必要という狭小な意味で言っているのではない。むしろ逆である。

仏のお心から言えば、一切世界はみな仏の心のなかの出来事であり、仏の心のなかの世界である。

そのことに気づかないと、私たちの暮らしは、その生活上、あるいは心の上、行の上において、全て善悪二つに分けて人生の結果を計算するようになるのが、一般的である。その世間一般の考えで生きるとき、救済の道はない。なぜなら、私たちは通常、どこまでも善はたすかり、悪は障りになると区別・分別する。そのように、世間の善悪は相対的であるので、善といえども所詮雑善《ぞうぜん》である。苦い言葉や冷たい行為を受けたとき、油断はしない。むしろ、気構える。逆に、甘い言葉や優しい善い行為を受けると油断する、気を許す。その甘さや優しさに甘い毒が、向こう側の功利的な毒が隠されていることに気づかない。善という行為には大なり小なり毒が含まれているということから、雑善と仏教では教えている。

また、善を積めばたすかると思うが、それは仏の力をたのまず、あくまで自分の力を頼んでいこうとするので限界があり、生活の基盤は揺らぎ、ゆきづまるのである。

いくら頑張ってもだめである。しかし、そのだめな奴を助けずばおかぬというのが仏の誓願である。その仏願が我々の願いとなって、自己の生活のなかに本当に生きてくること、仏の心に重きをおき、自己の日暮らしに重きをおかぬというのが、「暮らしのなかの仏教」という書名になった所以《ゆえん》である。

二〇〇三年十二月七日

高橋弘依

暮らしのなかの仏教◉目次

はじめに　3

暮らしのなかから

思い出のなかに……………………12
芋と喧嘩　12
女の力　15
性別欄　27
いただく心　31
刺　身　35

家族を考える

育つ――『エミールを読む』………42
始めが大切　42

春の日の午後　43
子ども大人　46
ママと呼ぶ青年　47
子どもと菓子……51
恥じる　51
よく教うれば　55
学　ぶ……57
くりくり会　57
来賓祝辞　61
道徳教育　64
社会が要求する「無菌状態」　65
自己をみつめる……67

子どもという目隠し　67
母親二題　75
汝自当知　76

家族を支える……81
男として夫として　81
鍛える　89
三世帯家族　90

今を生きる

煩悩具足の凡夫なり……98
徒倚懈惰　98
戒を作らず　107
阿闍世　112

女性と仏教 …… 119
韋提希夫人 119
女性と仏教 120
共生への道 …… 157
核保有 157
心の開発の時代 158
貧を学ぶ …… 165
化　身 165
凡　夫 168
「と、云々」 172
貧を学ぶ 174
出家者 179

自由無碍　180

お茶に遊ぶ

お茶に遊ぶ……182
茶杓との出合い　182
床の間　187
もてなしの伝統　190
茶事　降誕会　196
名残りの茶事　藁灰　209
あとがき　221

暮らしのなかから

思い出のなかに

芋と喧嘩

芋というと、今から半世紀もずっと前のこと、私が小学三年生だったとき、薩摩芋のことで姉と喧嘩になり、私が怪我をしたことが思い出される、と同時に、自宅の近くにあった飛行場が思い出される。

私が子どものころ、日本に二つの国際空港があった。羽田空港と、もう一つは大刀洗飛行場内にあった。このことが記憶にある人は、現在の日本人のなかでも僅少であろう。

当時は陸軍航空隊といって、飛行学校もあり、大空に雄姿を描いていた。その施設が自宅から北へ四キロの地点にあり、飛行場の周囲は十二キロ以上はあるだろうと大人たちが噂していたのを、子ども心に覚えている。その飛行場のある地名を山隈《やまくま》と言っていたが、山隈は筑前山隈と筑後山隈の二つに分れていた。飛行機の発着地は両山隈の土地が使用されていたが、空港の本館は筑前山隈に建っていた。筑後山隈の方は飛行機関係の部品倉庫や兵舎が建ち並んでいた。

中学生になったころは、戦場は激戦続きで、中学生は学徒動員として、それらの関係施設に配属された。タイヤ不足のため自転車には乗れず、四キロの道程を毎日歩くのが当然のようになっていた。歩くことはさほど苦にはならなかったが、履物の入手困難には言い知れぬ苦労をしたので、脳裡に強く焼きついている。

そのころの農家には地下足袋の特別配給があった。友達は丈夫そうな地下足袋にゲートルを巻いて、軽やかに歩いていた。非農家であった我が家には、そんな気のきいた履物の配給は一度もなかった。

市販されていた荒い布地で作った靴は、毎日四キロの道程の徒歩と、終日の労働には耐え切れず、短期間で大きな口を開けて、パクパクと音をたてながら歩かねばならなかった。素足は危険なため、太めの針金を探して巻きつけるが、その針金もすぐ切れてしまう。その靴を見ながら嘆息をついていた日のことが鮮明によみがえってくる。

飛行場の南側は赤土の農地が拡がっていた。その畑のなかの村道の一本道を毎日通っていた。晩秋になると霜柱が立って、赤土の表面を盛り上げている。霜柱が朝日に光って美しかった。太陽が頭上近くなると、ピカピカの霜柱の光は消えて、べたべたの土に変わっている。

この土は米の栽培は不向きであったが、野菜か薩摩芋には適していた。作物を載せた車が落していった道路の赤土が、太陽の光に溶けた霜柱で、靴にべったりとついて、針金巻きの靴はいよいよその機能を果し切れなくなってしまう。素足になって、ぶらぶらと靴を下げて自宅へ帰ったこともある。


先の姉との喧嘩のきっかけになった薩摩芋は、飛行場に近い農地の産物である。私が小学三年、姉が小学五年のときだった。薩摩芋が家の土間に届けられていた。当時は薩摩芋は貴重な食材であった。大家族の我が家の食材の管理は特に厳しかった。その厳しさの目を盗んでは薩摩芋を生のまま噛っていた。そこを姉に見つけられてしまった。

当時は十分なおやつもなく、空腹に耐えるのはひとつの生き方にもなっていた。姉は近よって、みんなに黙っているから自分にも分けてくれとねだってきた。私は座敷の縁側まで逃げた。すると、姉は追いかけてきて、再度要求したが、「いや」と叫んだそのとき、背中をポーンと押されると、そのまま将棋倒れになり、蹲踞《つくばい》（手水鉢）に頭をもっていったのだろう。当時は今のような洗面所はなく、縁側の先に陶器の手洗いか、蹲踞が置かれていた。その蹲踞にぶつけたものだから、顔面血に染まっている。それを見た姉はびっくりして、親を呼び、自転車で病院へ運ばれた。二針縫って治療は終わり帰宅すると、目や口ではなく額だったので、不幸中の幸いだったと話していた。ほっとしたのだろう。

やがて抜糸も終わり、寒い冬になった。洗面のとき、傷痕《きずあと》に手をやるとズーンと痛む。だが今思い出しても、姉に対して恨む心の起きなかったのが不思議である。それは額の傷で、平凡な丸顔の少年が男っぽくなったようで、まんざらでもなかったからだろうが、もう一つは、みんなが空腹を辛抱しているのに、盗んだ芋の分け前も渋っている自己の非を認めたからだろう。だから姉の仕打ちに恨む心が起こってこなかったのかも知れない。

しかし毎年寒い冬が来ると、あの日のことが思い出され、そっと傷痕に手をやったものだ。その傷の痛みは青年期ごろまで続いたが、壮年期になると傷痕も目立たなくなり、痛みもなく、あのときのことは色あせて、いつしか忘れられていったのである。それを風化現象というのだろうか。しかしこれは風化とは違うような気がする。

成人していく過程のなかで、私自身が他人を心身共に傷つけたときの問題解決として、少年の日の額のあの傷口の痛みがよみがえってくるのである。

女の力

春の彼岸も過ぎた夜、電話が鳴った。受話器を取ると、

「もしもし、東京のＤ・Ｋです。ご無沙汰しております。お元気ですか」

「元気にしております。本当にしばらくですね。みなさんお元気でしょう」

「はい、おかげで娘も大学生です。妻も元気です」

「あなたのお仕事の方は」

「相変らず医者の仕事です」

「ご立派になられましたね」

「みんなからよくしてもらっています。父は私が里の方へ帰るように言っていますが、今のところ、いいポストを与えられているので、東京を離れようとは思ってはいません。それでお頼みの電話をしているのです」

「何事でしょうか」


話の内容は、母は病人で、父は八十過ぎているので、東京へ引き取りたいと話すのだが、電話をすると、父も私も感情的になって心が通じなくて困っているということである。私は、そんな状態だったら両親を東京へ迎えられてもいい結果にはならないと思いますが、と言うと、自分も医者としてわかっているが、年老いた両親が故郷で暮らしているのが気になっているので、父に会って私の気持ちを話してくださいという、依頼の電話であった。

Ｄ・Ｋの父とは、私にとって義兄である。その義兄に私の三人姉の一番上の姉が嫁して娘を産むと、一年も満たないうちに、姉は二十二歳の若さで浄土へ往生している。その後を追うように娘も早世した。

義兄は再び結婚した。その後妻の長男がD・Kである。

昔、仕事でD・Kの実家の方へ行くことがあった。その都度D・Kの実家を訪問するようになり、次第に親交が深まっていった。D・Kの結婚式で、形だけではあるが、仲人を務めて二十数年にはなろう。最近では、姉の年回法要の案内があればお参りをするくらいで疎遠になっていたが、中元、歳暮は毎年東京から送って来るので、その都度礼状を出している。その程度のおつきあいはしている。

約束していたD・Kの父親を訪ねると、家構えは姉の嫁いだ当時と大差はなく、玄関や小部屋が増築されていたぐらいだろう。

義兄は「今さらこの年で東京へ行っても、一週間で帰って来るだろう」と言い、息子と話しても両方とも感情的になってしまうので、私に断りの電話を頼むということになった。私は断った。「そんな大事なことは義兄さんの口からはっきり言ってください」と言って別れた。

帰るとき、「玄関の近くに便所があったでしょう」と尋ねると、義兄は「あれは壊した」と言った。私にとっては忘れられない場所だったのにと、昔のことが偲ばれた。

私には今でも懐かしい音が耳の底に残っている。姉の嫁いだこの家で六十年も前に聞いた音である。静かな書斎で昔日のことを思い出していると、チャリン、チャリンと音が聞えてくることがある。それは銅貨を数えている音である。

私が旧制中学一年生の夏休みのとき、二十歳で嫁いだ姉の家へ、二泊三日で遊んで帰る日のことであった。帰る前に便所の前に立つと、チャリン、チャリンと音が聞えてくる。そっとその場を去って台所の方へ行くと、そこには義兄とその母が坐っていた。それでは便所のなかの音は姉に間違いない。私の胸は小さな動悸を打った。弟の私に小遣銭をやるための勘定の音だったのだ。きっと家族に知られたくない、へそくり銭だったのだろう。そんな大事な金を、我が家が貧しい家庭であることを知っている姉は、「勉強してね」とそっと小声で渡してくれた。銅銭がとても重く感じられた。その便所が今は壊されていた。姉の優しい心配りの音は消えない。今でも目頭が熱くなることがある。

私が中学三年生になったとき、姉は病の床にあった。日本は第二次世界大戦で暗いニュ

ースが流れるようになっていた。教室の窓から校庭の桜の散るのを眺めながら、姉の恢復を願っていたが、四月七日、桜の花びらの散るがごとく二十二歳の命ははかなかった。

二十歳で嫁入りして間もない姉が、苦労して手渡してくれた小遣銭は決して忘れられない。


私が三十歳を過ぎたころ、毎田周一先生はこんなことを教えてくださった。

「高橋君、汚い金をきれいに使うものだよ」

何のことかと黙っていると、「これを機法一体の南無阿弥陀仏と言うのだよ」と言われて、唐代浄土教の至宝善導大師の「深信釈《じんしんしゃく》」をお教えいただいたので、ここではその原文を掲載するにとどめておくことをお許しいただきたい。

その「深信釈」の初めに、

深信と言うは、即ち是れ深信之心也。亦二種有り。

一には、決定して深く、自身は現に是れ罪悪生死の凡夫、曠劫より已来、常に沈し常に流転して、出離之縁有ること無しと信ず。

二には、決定して深く、彼の阿弥陀仏の四十八願は、衆生を摂取して、疑いなく慮《おもんぱか》りなく、彼の願力に乗じて、定んで往生を得と信ず。

とある。一は、「機の深信」を表わし、二は、「法の深信」を表わした言葉で、機法二種深信の二者が相交わるところに信があるという。大変難解な言葉なので読書百遍してくださ い。

先生は続いてこんなお話をされた。「一銭でも粗末にしてはならぬ。男はね、いつ、どんなときに大金を出さねばならぬかわからないものだよ。そんなとき、ぐずぐずしてはいけないよ。ぽんと出せることだね。日頃は簡素な生活がいいよ」と、そんな意味の話であった。

先生のお話を聞いているとき、ふっと、姉がトイレに隠れて、私のため小銭を数えている姿が頭に浮かび、チャリン、チャリンという音が耳元で聞えたような気がした。

もう四十年も前に先生から教えていただいたことだが、ついこのごろのことのような気がする。それだけその言葉が新鮮だからだろう。

最近読んだ本に、五木寛之著『日本人のこころ』全六巻（講談社）があるが、そのなかの一節「遊びも雅もある新しもの好きの町」の一文である。

東京で大きな国際会議を開催するため、日本の大企業に協賛金を出してもらうことになった。

それに対して一部の会員や理事が異義を唱えた。平和とか人権というテーマで国際大会を開催するのに、軍事産業と関わり合いがあるような大企業からお金をもらって、何が平和だ、というのである。東京の人たちの感覚からするとそれも一理ある。

そんなふうに頭ごなしにやられて、私が「どうしましょうか桑原さん」というと、桑原氏はニコニコしながら平然とこういった。

「五木君ね。汚い金をきれいに使うのが文化っちゅうもんや」

汚い金をきれいに使うのが文化だ——。これはなかなかしたたかな発想なのである。それを聞くと「やはり桑原さんだあ」といって、みんな黙ってしまった。信念をもってそういえるというのはすごい、私はそれが京都の文化人のひとつのカルチャーだという気がしている。

「汚い金はきれいに使う」の話は、毎田周一先生から四十年も前に聞いた話であった。先生は京都大学で西田幾太郎先生から哲学を学んだ人である。

「女の力」について書こうとしたのに、姉一人の登場で他は男性ばかりである。この辺で軌道修正をしよう。

私には、姉三人、私より二つ年下の妹、それから弟、妹、そして弟にまた妹と弟と続いた十人の兄弟がいる。戦時中だったので、子沢山は国益協讃ということで表彰状をもらった。父は年齢的に出征しなくて済んだのだが、まだ五十歳を過ぎたばかりであり、しかも壮健であった。向こう三軒両隣、出征兵士の家々に囲まれて、その在宅に肩身の狭い思いをしていた父も、出征兵士ならぬ出生児多数表彰でいささか、お国のためになれたのだと、面目を保ったと思っていたのではなかろうか。

物資不足のなか、貧しくとも母は姉三人の毛糸のセーターを夜なべで編んでいた。小学生の私は、両手に毛糸をかけられて、母の毛糸の手毬作りにときには協力していた。手を動かしながら、自分のセーターはいつ編んでくれるのだろうかと思い尋ねると、「男は着らんでええ」と一言。そうかなと思っていた。運動場で全校生徒が昼休みに遊んでいるのを見ると、女の子でも毛糸のセーターを着用している者は少なかった。男の子は皆無といってよかった。たった一人、上級生の男がトックリ襟の毛糸のセーターを暖かそうに着ていたので姉に聞くと、あの子はお金持ちの一人息子だと教えてくれた。我が家は女の子で手がいっぱいであり、男の子までは、手だけでなく、金も廻らなかったのだ。

おつかいといえば男の私が行くことになっていた。何日か越しの、父の晩酌用の徳利をぶら下げての買物が一番嫌いだったことを覚えている。魚買いもやらされた。戦時中だし、魚貝類も庶民は自由に買えなかった。

開店前には、三十人近くの大人たちが並んでいる。順番待ちである。大人のなかに小学生の子どもが混じっているのが珍しかった。「おや、お寺の坊やか」、「お寺も魚を食うのか」と皮肉られて恥ずかしかった。じっとうつむいて我慢していたことも覚えている。

真宗寺院では毎年恒例の報恩講が厳修される。私が少年のころの日本はまだ旧暦が主流であり、正月も旧正月であった。地方では一月遅れの報恩講が十二月二十一日から二十八日までの一週間勤められた。私の寺院では二十六〜二十八日の三日間はお斎《とき》がもてなされていた。

お平《ひら》や汁物、和え物などに豆腐が使われるが、簡単に手に入らない。昭和十九年の報恩講のときであった。豆腐が不足したので急に店へ行って買って来てくれと頼まれた。店頭は人だかりである。中学生の私は前列に顔を出して、「すみません、お斎の豆腐が間に合わぬので」と直談判すると、「順番順番」と相手にされなかった。みんなにもお願いした。

すると店のおやじさんは、「忍さんとは学校友達だったし、あんたのねばりには負けた」と言って売ってくれた。忍さんとは私の母のことである。

豆腐の入った籠をぶら下げて自転車を飛ばした。厨房の人たちは「よかった、よかった。待った甲斐があった」と喜んでくれた。ところが蓋を開けた途端、「どうしたとね、ぐちゃぐちゃしとる」と渋い顔をされた。雪のちらつくなかを手袋もしない素手で頑張ったのにと悲しかった。豆腐買いは行きは急いで帰りはゆっくりだよと教えられた。

日頃、姉たちは炊事の手伝いをしていた。男の子は草取りや風呂の水汲み、買い物の手伝いなど自転車で遠くまで行っていた。男子は妻子を養う義務があることを、手伝いなどを通して教えていたのかも知れない。

また、幼いときから兄弟・姉妹で手伝いを分担しながらやっていたことで、現在もなお、姉と妹と一緒に仲良く同じ福祉事業に携わっていけるのかも知れない。きっと、そうした幼き日の生活の姿勢が根柢に働いているからだと思う。

最後に、忘れられない二人の女性がいる。一人は博多に住む父方の伯母で、もう一人は母方の伯母である。二人とも、どんなに間違っても美人ではなかった。他人なのに二人は似ていて、奥眼で睨みつけるような顔つきだったので、子どものころはお土産をもらっても、さっと離れていた。何となく怖かった。少年のころからそれが変わってきた。二人ともだんだん好きになっていった。博多の伯母は私を「ひろいしゃん」と呼んでいたし、母方の伯母は「ひろえさん」と呼んでいた。本名は弘依である。「ひろえ」と読む。

私が小学三年生のとき、博多の伯母は、福岡の昼と夜の街を案内してくれた。六年生になったとき、修学旅行が下関・福岡に決まったが、同級生で福岡に行ったことがあるのは私一人という、そんな時代だった。教室で福岡市について話をした。絵も写真もないので、いろんな質問が出て答えるのが難しかった。

戦後、大学へ帰るために列車に乗るのだが、切符を買うのにひと苦労した。博多駅に近い伯母の家に一泊して、冬であったが早朝五時ごろには起き、窓口に並んだ。駅まで近かったので前列で購入も早かった。急いで帰ると、温かいおいしい朝ごはんが用意されていた。

「ひろいしゃん、買えてよかったね」と我が子の

ように喜んでくれた笑顔がすばらしかった。

年とともに穏やかになっていく顔は、いつ見ても飽きなかった。「ひろいしゃん、これが好きやろが」と、甘いものの少ないころ、苦労して菓子を探して来てくれたり、野球の話をすると、少年野球の中古品のグローブをもらって来たりした。伯母の作る料理は量が多くておいしかった。

母の姉の伯母は、お寺の坊守として、仏法聴聞に熱心であった。曾我量深師を師と仰ぎ、八十半ばまで、聞法の姿勢は衰えなかった。私が少年のころは、一週間ほど泊まっては、仏法の話ばかりであった。伯母の苦難の生活が、実は歓喜の人生であった話は筆舌に尽せないものがある。

その伯母が私の枕元に来て仏法を語るのが、少年の私には苦痛でならなかったが、青・壮年のころになると、むしろ積極的に伯母と仏法を語るようになっていた。そのときの伯母はニコニコと目を細め、静かな口調で話していた。そのときの声色や言葉が、今も耳の底に留まっている。

二人の伯母は、いつの間にか穏やかな和顔愛語の老女になっていた。今でも、今は亡き伯母を思い出しては拝んでいる。

このような女たちに囲まれた若いころの私は、恵まれていたのだなあと思っている。

性別欄

行政関係の加入申し込み書から、ショッピング・クレジットやローンカード会員の入会申し込み書、団体旅行の申し込みや、〇〇事業研究大会参加宿泊申し込み用紙に至るまで、性別欄が必ずあると言ってよい。

最近この欄が「性同一性障害者」の関係者から差別問題として廃止の意見が出てきた。理解の方向へ動き出してはいるが、道は遠いようである。

「性同一性障害者」という複雑な問題ではないが、男性なのに名前の発音が女性らしいということ、また、その反対の場合から起こる被害もある。

私の名前は「高橋《たかはし》弘依《ひろえ》」といい、性別は男性である。小学生時代は男女共学ではなかったが、同級の女の子に「ひろえ」さんがいた。また隣の校区ではあるが、同級に女の子の「ひろえ」さんもいた。後の「ひろえ」さんの場合は、我が家の裏に田圃があり、農繁期になると、「ひろえ、お茶持って来い」とか「ひろえ、ぐずぐずするな」と大声で怒鳴られている声が聞えてきて、ついつられて声の方へ飛んで行ったことがある。そうして校区外にも自分と同じ発音の名前の女の子のいることを知った。

父方の祖父の名前は「弘鎧」と書き「ぐがい」と読み、母方の祖父の名前は「実依」と書き「じつえ」と読む。私は父方の祖父の一字の「弘」と、母方の祖父の一字の「依」を組み合わせて「弘依」と名づけられた。

中学一年生になったとき、担任教師の出席とりが始まった。次々と呼ばれていると「たかはしひろより」と聞えた。黙っていた。

「欠席か」
「いいえ、出席しています」
「なぜ返事をしないのか」
「呼び方が違っています」
「早く言え、なんと読むのか」
「『ひろえ』です」
「女の子みたいだな」

教室のなかに笑う者がいた。しまった、中学生は「ひろより」で通せばよかったのだと気づいたときには遅かった。でも、笑われてもよい。自分の名前を偽ることは犯罪的行為ではないかと思ったのである。

なぜこんな発音にしたのかと両親に尋ねると、それには親としての深い願いがあったことがわかった。

成人になってからは「こうえさん」と呼ぶ人も多かったが、あえて訂正はしなかった。二十代のころ、妙好人といわれていたおじいさんが、ある座談会の席上で私を紹介した。「高橋弘依さんです。なんでも『ひろえ』と読みます。私たちのどんなことでも聞いてくださいます。いい名前です」

私は自分の名前をこんなに讃めてもらったのは初めてであった。中学生のとき、女の子みたいだねと言われ、ずっとコンプレックスを抱いていたのに、讃められて以来、気にならなくなっていった。むしろ「ひろえ」とつけた親心が知らされて、深々と味わい喜べるようになった。

でも喜んでいたばかりではない。「ひろえ」のため、とんでもない被害を二回受けたことがある。二回共、九州保育事業研究大会のときである。四十代で一般参加者として申し込んでいた。一回目は宮崎地区大会、二回目は佐賀地区大会であった。

宮崎大会の場合は、宿泊の部屋割りを書いた受付け名簿に、私と同地区の数名の女性園長と同室にされて私の名前があったので、間違いを申し出た。男の「ひろえ」が女の「ひろえ」になっていたのだ。それを知った女たちは笑いながら「みんなで可愛がるから、どうぞどうぞ」と言っていたが、勿論冗談に決まっているとはいえ、「勿体ないが、寝ぐせが悪いからご迷惑をかけますので」とやんわりお断りした。

受付けのやりくりで見知らぬ地区の部屋の一員になったが、これまた淋しい、仮住いみたいで、割り込んだ身の立場で仕方がなかった。夜、遊びにみんな出た。私も出たが別行動である。仮住いの身なので、早めに部屋に帰り寝ていると、一行は深夜に騒ぎたてながら、酒気ぷんぷんで賑やかにご帰還である。ドタン、バタンと布団の上に倒れていった。ああ、名前の発音の間違いからくる被害は深夜まで続いた。

もう一つは佐賀県嬉野での大会であった。

受付けに行くと「高橋弘依」という男性はいないという。「ひろえ」という女性は名簿にある。「それは男性の間違いだろう。本人が言うのだから間違いない。男の部屋へ変えてくれ」と頼んでも、どうにもならぬという。「その態度はなんだね」と詰問するが、知らぬ、存ぜぬである。

男の部屋は満室で余裕がないという。それではキャンセルをと言うと、当日は返済不可能とのこと。冷たい。どこかの宿を探してくれというその態度からは、事務局の落度を反省する色はどこにも見えない。受付けの静まるのを待って、もう一度交渉したが駄目だった。ついに参加をあきらめて帰途についた。帰りのハンドルを握りながら浮んできたのは、聖徳太子の十七条憲法の第十条であった。

忿《こころのいかり》を絶ち瞋《おもてのいかり》を棄て、人の違うことを怒らざれ。人皆心有り、心各執《と》れること有り。彼是《よみ》すれば則ち我れ非《あし》んず、我れ是すれば則ち彼非んず。我れ必ずしも聖に非ず、彼必ずしも愚に非ず、共に是れ凡夫耳《ただびとのみ》。是《よ》さ非《あ》しさの理、誰か能く定む可き、相共に賢く愚なること、環《みみがね》の端無きが如し。是を以て彼の人は瞋《いか》ると雖も、還《かえ》りて我が失《あやまち》を恐れよ。我れ独り得たりと雖も、衆に従いて同じく挙《おこな》え。

この文には、凡夫の内容と生活が展開されている。凡夫の自覚あるなしに関わらず、事実凡夫としてここに生活せしめられているのである。この箇条は怒りを棄てるとあるが、その棄てるより、その怒りの根柢に貪欲と愚痴のあることの自覚、この自覚をせしめられることによってこそ、怒りの根も絶たれてゆくことになるのである。

いただく心

今の店の料理長になって二年になるという若い料理人の話である。明日は客から二万五千円の懐石料理の注文を受けているという。料理長になって初めてのことだと言っていた。

最近は来客数は横這いだが、料理の注文が変ってきたという。メニューのなかでも、値の高い方の注文が多くなってきた。特に増えたのは、一万円相当の料理の注文だそうだ。それはなぜだろうか。

自分の店は高齢者が多いと言っていた。それらの客は社会的地位や経済力のある面々のようである。

二万五千円の注文は男性かと思っていたら女性だという。全国食べ歩きのグルメ・グループがどうしてこの店を選んだのか、興味のあるところである。

地方銀行勤務の三十代前半の男性は、高級料理店で飲食するのは、招待の声がかかれば別だが、私のような若い給料取りは、自腹を切ってまではなかなか行く気になれないと言っていた。焼鳥屋か居酒屋で、若者同士でワイワイガヤガヤやっているのが、自分にはふさわしい場所であると言っていたのを聞いたことがある。

老人の客たちが、うす汚い店で細々と一杯やっている姿など想像すると、なんとなく淋しいみじめな雰囲気である。その反対に二十代の若者が高級店で舌鼓を打っている姿は、優越感にひたっているようで、ちょっと目をそらしたくなる。それが今日では、老いも若きもさまになってきた。むしろ女性の方が高級料理を堂々と食しているのに出合うことの方が多くなった。

衣服や装身具など、ブランド品のファッションで市場が賑わう時代は、次第に食の方へも影響している。和・洋食を問わず、高級店へ若い女性やカップルが恰好よく店へ入って行く姿を見る。

衣食の高級は手近に求め易くなったが、住宅となるとそうはいかない。高級マンションは簡単には入居できそうにない。しかし、高級な部屋で食事がしたいという願望が募る。不可能とあきらめ切れず、代替志向で、満足とはいかないが仕方がないということで、それなりのところで妥協する。高級店の一室を我が家の如く思い込ませ、ひとときを優雅に過せる店探しが始まる。高級店で、高級衣服で、高級料理となる。観劇などは、S席から先に完売になるのはもう随分前の話である。

私の住んでいる街の近くの中華料理店が、最近改装オープンした。畳の広間が一部屋で、ほかの部屋は椅子席の個室ばかりである。そういえば料理長の彼も言っていた。私の働いている店は、今年中にカウンターを撤去し、畳の部屋もなくし、椅子席の個室ばかりの店内に改装し、再出発の計画が立てられているとのことである。

その彼が、若者には敬語が話せない人が多くなったと歎いていた。二十代後半の彼が「若い者が」と言うのだから、いささか驚いた。その対象が職場の同僚なのか、お客に多いのかは聞いていない。最近、若い女性が美しく装い高級店へ入り、食事を楽しむのが増加しているが、舌鼓を打ち、どんな会話に華を咲かせているのだろう。

注文を尋ねに行った年輩の店員が、若い女性と注文のやりとりをしたとき、オヤオヤと目を丸くしたと言っていた。会話に敬語や丁寧語の一言も聞かれないそうだ。また、こんな話を聞いた。注文されたコーヒーを運んで来た若い店員が「こちらコーヒーでございます」と言ったので客からクレームがついた。それ以来「お待たせいたしました。コーヒーでございます」と変わったという。アルバイト用のマニュアルから応用が効かない一例だろう。様々なことが高級化しているというのに、日本語はますます乱れ、品性のない方向に傾いていく一方のようである。

人間にとって一番大事なことは、人と人との和であろう。経文に「相当敬愛」という言葉がある。人間関係において、師長を奉侍《ほうじ》することは大事なことである。勿論、心のない敬語ならナンセンスであるが、和を願う衷心《ちゅうしん》から発せられる言葉には、必然的に敬を伴うものである。敬語とは、人と人とが和を願う深い心の表現なのである。

ある町の、お寺の山門の前の掲示板には、つぎのようなことが書いてあった。

先ず一切を崇める人になりましょう。

すべての人を仏と仰ぐ人になりましょう。
そこからなにかがはじまるでしょう。

刺身

街並みの軒先に「割烹」と書いた看板を見かけるが、割烹の二字は料理という意味である。「割」とは切ること、「烹」は煮炊きすることを意味し、「割」が主で「烹」が従ということを表わした言葉である。したがって日本料理では、川が多く水のきれいなこと、海に囲まれていて魚貝類が多いということから、活魚料理が首座を占めてきたのである。

この日本独特の料理を関東では「刺身」と呼び、関西では「お造り」といってきた。一般的には刺身と言っているようである。その「刺身」では、魚の王とされた鯛が一番であろう。特に瀬戸内海では、産卵のため回遊して来る真鯛は桜鯛と称して、最上の美味と言われてきた。産卵のため集まって来る様子が島のように見えるので、魚島と呼ぶそうである。

お茶事の懐石は一汁三菜が基本である。三菜とは、生もの、煮もの、焼きもののことである。生ものが盛りつけられたものを向付《むこうづけ》という。京都の「瓢亭」の向付は一年中、鯛と聞いている。それというのも鯛は一年中おいしくいただかれるからだと亭主は言っている。

その魚の生もの料理には、平造り、そぎ造り、細造り、杉皮造りとあるが、多く口にするのは細造りの向付である。一年中鯛といっても、季節感はあしらいや器でいろいろと表現している。

まだ流通機関の発達していないころと言えば、もう十五年も前になろうか。東北の旅で妻と気仙沼に二泊したことがある。学友の紹介の宿で、主人は漁師とか言っていた。夜のお膳には秋刀魚の刺身がのっていた。焼きものしか食べたことのない私は、本当に大丈夫か戸惑い尋ねると、北海道の近海は秋刀魚の産地で、気仙沼は水揚げ日本一であり、宿へ直送のため鮮度がよい。ここだから刺身ができるという説明に安心して食べたことを覚えている。

今では流通も発達しているので、大阪でも食べることができた。交通網や保存管理の発達と超スピードには驚くばかり。それだけに旅の味は薄れてゆくような気がする。

ここまで書いてくると、いかにも私が刺身好きの男のようであるが、私が刺身を食べるようになったのは、四十歳を過ぎてからである。刺身は嫌いではないが、好きというのでもない。どちらかと言えば、食べられないからといって、淋しくなったり、いらいらしたりはしない。我が家でときたま出されたら食べるが、ときには鮮度のよいお店で食べるくらいであろう。そんなわけだから、鮨屋は縁遠い所である。

私の町の国道沿いに熊本直送の馬刺し専門店がある。こればかりは食卓に出されても食べる気にならない。

馬刺しと言えば、今は御法度だが、選挙事務所開きや出陣式に酒が振る舞われるのが恒例であり、酒宴は大目に見られていた二十年も前の話がある。直接見たのではなく、間接的に聞いた話であるし、どこまでが本当なのかわからないが、面白いので書いてみよう。

田舎町の選挙事務所開きや出陣式の日など、景気づけに馬刺しが出ると言っていた。牛肉は遠ざけられるという。牛のようにノロノロでは競争の列から引き離されてしまうだろうという、縁起担ぎの献立が作られることになる。宇治川の先陣争いの故事にならって、牛ではなく馬だから、縁起ものとして馬刺しで乾杯しようということになったそうだ。

馬力を出して選挙を有利に持ってゆき、優位に立とうという祈願が込められているのだろうが、もし私がその場にいて、馬刺しを食べなかったら、反対派ではないかと怪しまれたことだろう。幸いそんな場に居合せなくてよかった。

北九州のふぐ刺しをはじめ、玄界・東シナ海の海の幸は言うまでもない。日田の鮎刺し、呼子のいか刺し、大分の城下かれい刺し、鹿児島のきびなご刺しと、並べるときりがない。こういう土地柄で刺身を食べないとは不幸者ということになろう。

私が少年のころ、祖母はお寺の子の魚釣りなど決して許してはくれなかった。友達の誘いを断るのに勇気がいった。しかし、そういう環境が私を刺身嫌いにしたのではない。中学一年生のとき、こんなことがあった。

ある日曜の昼ごろ、自宅から自転車で二キロも行くと、黄金色の稲穂のなかに、器を持った若い男の人が立っているので、自転車を止めて眺めていると、しきりに何かをつまんでいる。何をしているのか尋ねるが返事がない。すぐに自転車を降りて、その人の側まで行った。

若い男は言った。先日この辺に飛行機の練習機が墜落したとき、飛行士が死んだのだよ、と。そして、その兵士の肉が散乱しているので探しているのだと言っては、稲の葉に付着している鯛の刺身のようにきれいな肉を、お箸で丁寧につまんでは器に入れていた。

早速、私も協力した。空は青く澄み切っていた。風はなく、稲穂は揺れることなく静かに立っていた。稲の一株一株を丁寧に見て廻った。株や葉にペッタリと付着している。少年の私の小指の先ぐらいのものや、マッチ棒の先のような、大小さまざまな肉を見つけては教えてやると、若い男は飛んできて器に入れた。第二次世界大戦の始まる三カ月前のことであった。

そのときのショックが私の深層のところで生々しく生き続けており、時折り刺身を、特にあの活き造りなどを見ると自然と手がすくむのである。私の中学一年の生物の時間に蛙の解剖があった。解剖の結果を見に来た先生に、よくできたとほめられ嬉しかったことを覚えている。その私が、あの飛行士の死に出合ってからのことである。私は本当に気の弱い男である。

家族を考える

育つ――『エミール』を読む

始めが大切

父親に叱られて泣いていると、泣かないでと母親に慰められた。泣き声は一段と大きくなった。慰められれば慰められるほど、泣き声は激しくなる。もう一人の母親は泣くだけ泣けと放っておいたら、泣けなくなった。そんな思い出を持っていませんか。

ルソー著『エミール』よりひいてみる。

小さい子どもが泣いて親をうるさがらせ、遂に自分の野望を達成しようとするのは、彼等の本能的な手だ。これをはっきりと見抜いてその手にかからぬようにせねばならぬ。どんなに泣いてうるさがらせても、泣くことによっては決して、自分の欲望をみたすことは出来ないということを、思い知らせてやらねばならぬ。その始めが大切だ。

一等最初にこれを思い知らせることが必要だ。このときをはずしてはならない。ではどうするか、一つにはいつまでも構わず泣かせておくことだ、これは少し辛抱を要するが仕方がない。二つには機嫌よく頂戴といったとき、快くこうしてくださいと希望したときだけ、こちらも快く与え、希望をみたしてやることだ。これが最初の数回に、明確に行われるときに、子どもはそういうものだと知るだろうが、これをめんどう臭がって、始めのときにそれを許し、習慣となってしまえば、どうすることも出来ない。これが小さい子どもを育てる世の親たちの歎きの元であり、実は自分たちの自業自得なのだ。

春の日の午後

のどかな春の午後、田舎の寺の法要で講話をすることになった。寺の広い座敷が控室になっていた。テーブルには、色々な種類の菓子が大きな菓子器に入れてあった。子どもの好きそうな、きれいな紙に包まれた菓子も混じっていた。眺めているだけでも楽しくなる、今まで口にしたことのない種類の菓子も多くあった。何個か食べた。菓子の包み紙は懐中して講話のため立ちあがった。

講話が終り座敷へ戻ると、テーブルの上には菓子の包み紙が散乱している。いささか驚いて、あたりを見渡すと、畳の上にも舞い散っている。犯人は誰だろう。まるで私が行儀悪く食べ散らしているかのように見られても仕方ない。言い訳など通じないと、急いで包み紙を拾いはじめ、テーブルの下の畳の上に手をやった。

何やら軟らかい物体に触れた。覗き込むと、そこに見たのは、三歳くらいの寺の坊やらしい。坊やはテーブルの下ですやすやと寝込んでいた。犯人はこれだなとすぐわかった。テーブルの下は安心と思ったのか、隠れて食べているうちに睡魔に襲われてしまったのだ。母親にそれまでの事情を話したが、起こさないでくださいといって帰って来た。その坊やは今、大学二年生の立派な青年になっていた。歳月人を待たず。遠い過ぎし日の話である。

最初は寝ごこちの悪いところで寝るようにしつける必要がある。それは寝ごこちの悪い寝床などというものをなくさせる方法だ。一般に、つらい生活は、一度それが習慣になってくると、快い感覚を増すことになる。柔弱な生活は不快な感覚を無限につくりだす。あまりにこまかく気をつかって育てられた人は羽根ぶとんにくるまなければ眠れなくなる。板のうえで眠ることになれた人はどんなところでも眠ることができる。横になれば眠れる者にとっては固い寝床などというものはない。

羽根や綿毛に身をうずめて眠るふんわりした寝床は、いわば肉体を溶かし、解体させる。あまりに温かくつつまれた腰は熱くなる。そこからしばしば結石やそのほかの病気が起こる。そして必然的に、そういうあらゆる病気のもとになる弱々しい体質がつくられる。

いちばんいい寝床とは、このうえなく気持のいい眠りをあたえてくれる寝床のことだ。そういう寝床をエミールとわたしは昼間のうちにととのえることにする。わたしたちの寝床をととのえるには、ペルシャの奴隷を連れてきてもらう必要はない。大地をたがやしながら、わたしたちは敷きぶとんを敷いているのだ。

子どもというものは、健康でありさえすれば、ほとんど思いのままに眠らせたり目をさまさせたりすることができるのをわたしは経験によって知っている。（ルソー著『エミール』）

子ども大人

小学生の女の子を街頭でインタビューしているテレビの報道番組を観た。六年生の女の子に女性アナウンサーは、どうしてこの街へ来たのとマイクを向けると、ブランド品を買い求めに来たのだと言っていた。ほとんどの女の子は異口同音である。カバンのなかを見せてと言うと、母親同伴の六年生の女の子は化粧品を持っていた。つまり化粧しているのである。女の子だから少しはいいでしょうと、母親は大目にみているようである。大人の見栄が子どもを駄目にしていると言ってよい。

高校生ごろまでは素肌が若く生き生きしているのだから、自然のままが一番美しいと思うのだが、成人にもなれば、ただ若いから、素肌が美しいからと年ごろの女の子が口紅ひとつつけないのも、うぬぼれというか自信過剰が鼻につくようで、自然の美しさを失わない程度の化け方がよいと思っているが、そんなことを言えば、時代が違う、時代遅れと軽蔑されるだけだろうか。

そのインタビューを見ていた男性のゲストが、まだ子どもだし、そんなに沢山買わなくとも洗濯すればよいし、お下《さが》りなどではいけないのかと言うと、隣のゲストは、時代が違うの一言で対話はシャット・アウトになると言っていた。時代が違うと言われれば、消費社会の今、物を粗末にし、人を粗末にするのがなぜ悪いのと抗議を受けているような気になるから不思議である。
世は無常だし千変万化するのは当然である。しかし、人間の中味は、時代が違っても、煩悩具足の凡夫、罪悪深重、煩悩熾盛の身に変りはない。その身は、化粧、服飾、嘘で、欺瞞の表現に包まれてしまうのである。人は外見だけで判断するものではないということを肝に銘ずべきである。

子どもを不幸にする一番確実な方法はなにか、それをあなた方は知っているだろうか。それはいつもなんでも手に入れられるようにしてやることだ。すぐに望みがかなえられるので、子どもの欲望はたえず大きくなって、おそかれはやかれ、やがてはあなた方の無力のために、どうしても拒絶しなければならなくなる。ところがそういう拒絶になれていない子どもは、ほしいものだけが手にはいらないということより、拒絶されたことをいっそうつらく考えることになる。(ルソー著『エミール』)

ママと呼ぶ青年

もう二十年も前のことのような気がする。「天声人語」(「朝日新聞」)だったか「春秋」

（「西日本新聞」）だったか記憶にないが、記事の内容は簡明に覚えている。

　国家試験の合格者の何泊かの合宿研修会のお話である。一流大学出身の優等生の若者が揃っての研修である。至れり尽せりの保護のもと成人した人たちである。

　家を出るとき、母親は、水が変わる、食事が変わる、寝具が変わる、そんな馴染みのない場所で安心して受講できるのかと、我がことのように不安である。特に食事のメニューは、母親である自分がしているような配慮がなされているだろうか。自分も同伴したくて心が落ち着かない。母親が何もしていないのに肩のあたりに疲労を感じているときに、電話が鳴った。


　事務室に研修生の一人が電話を借りに来た。このころはまだ携帯電話はなかった。「どうぞ」と事務員は電話の方を指さした。

「すみません、電話をお借りします。……もしもし、ママ」

　事務員は「ママ」という声にびっくりした。幼い子どもかと思ったら、目の前の青年である。

「ママ、ママが心配していたでしょう。食事は大丈夫だよ。栄養のバランスはいいし、ご馳走だから心配しないでね」

青年はお礼を言って出ていった。

事務員は、受話器を置いて出ていく研修生の後ろ姿を見ながら、こんな若者たちが指導的地位の椅子を与えられ、日本の将来を荷負ってゆくのかと思ったら、背筋が寒くなった、という記事であった。

それ以後、日本の子どもは少子化のなかで、いよいよ過保護になった。外見は愛らしく、おっとりしている。かつての男の子のような荒々しさがないかわり、優しく、大人しく、喧嘩しない。しても親が出て来る。生徒を叱りでもすれば、親が学校へ来て理屈を並べるので、学校までが優しさばかり教える。みんな仲良く勉強しましょう。そして、母親は息子に勉強一筋、塾通い。子どもは母親の顔色ばかり気にしている。大人になって反動現象が起きなければよいがと思っている。

ちっと熱でも高いと大騒ぎで、救急車を呼ぶ親も全国的に増加していると聞いた。人の子を預かる施設では、頭に瘤《こぶ》でもこさえたらレントゲンを撮って、大丈夫と病院の診察結果を報告せねば、養育の不始末となり、問題化する。男の子は少々暴れん坊将軍さまもよかろうと思うのだが。

子どもがころんだり、頭にこぶをこしらえたり、鼻血をだしたり、指を切ったりしても、わたしはあわてて子どものそばにかけよるようなことはしないで、少なくともしばらくの間は、落ち着いていて体を動かさない。災難は起こってしまったのだ。子どもはその必然に耐えなければならない。いくらわたしがあわてても、それは子どもをいっそうおびえさせ感受性を刺激するだけのことだろう。

じつのところ、けがをしたばあい、苦しみをあたえるのは、その傷であるよりむしろ恐れなのだ。わたしはとにかく、そうした苦しみだけはなおしてやる。わたしがその傷をどう考えているかを見て、子どもはそれを判断することは確実だからだ。わたしが心配してかけよって、なぐさめたりあわれんだりしたら、かれはもう自分はだめだと考えるだろう。わたしが冷静にかまえていれば、子どもはやがて冷静な態度をとりもどし、痛みがなくなれば、もうなおったものと考えるだろう。

この時期においてこそ、人は勇気をもつことを最後に学びとり、少しばかりの苦しみを恐れずに耐えしのんで、やがてはもっと大きな苦しみに耐えることを学びとる。

(ルソー著『エミール』)

子どもと菓子

恥じる

福岡県糟屋郡で一人暮らしのおばあちゃんが、東京の我が子の所へ行ったときに聞いたという話である。

そのご子息、S・Tさんというのは、幼児期、私の園に園児として通園したこともある。その後、九州大学大学院を卒業しソニー本社へ入社。才能と人格を認められ、壁掛け液晶テレビの開発プロジェクトに従事し、岐阜の研究所へ単身赴任した。「映像、情報というカテゴリーは液晶技術でがらりと変わるはず」をモットーに頑張り、その任を終え本社へ帰り、現在は重役である。妻と中・高生の男の子の四人暮らしの父親である。

おばあちゃんの聞いた話というのは、中学生になったお孫さんが、三、四歳のころ、糟屋へご法事のため帰郷したときの話である。

そのときの様子を、私が思い出しながら記すことにしよう。

お参りに行った私が、座敷で一人、お茶の接待にあずかっているところへ、幼い子がすうっと来てちょこんと私の前に坐った。が、坐ったかと思うと、すばやく銘々皿の菓子に手をつけた。

すかさずその子に声をかけた。

「坊や、何をしているの」

思いもよらぬ、やや太めの声に驚いた表情の幼い子は手を引いた。

「このお菓子は、おじいちゃんがいただいたものだから、黙っていただいてはいけないよ」

「うん」

素直に頷いた。

「坊や、このお菓子が食べたいの」

「うん」

台所へ行けば同じお菓子があるだろう。でも客の菓子のほうが子どもにはおいしそうに見えたのか、それとも忙しそうなキッチンの母親には、おねだりができなかったのかは知らない。

「おじいちゃんが、これあげるよ」

「ありがとう」

お礼を言うと、ちょこんと頭を下げて走って行った。

この話は十年も前のことである。坊やが中学生になったある日、そのときのことを父親にふと話したというのである。

一般的には、子どものお菓子ぐらいのことと思われるかも知れないが、どんな小さな子どもでも、物を盗む、嘘を言う、ということは、決して小さいことではないと、はっきり注意を受けたことが、幼かった子どもの心に深く響き、今でも忘れないと言っていたという。その話を聞いた父親が、即座に注意してもらっていたのがよかったのだと喜んでいましたよ、という話である。

言った本人の私は、そう言われてみて、ああ、そんなこともありましたと記憶の彼方からよみがえってくるぐらいであったが、幼い子にとっては一大事であったのだ。

日本人の生活のなかで「恥じる」ということが曖昧になっている。

慚愧《ざんき》ということについて「涅槃経」にはつぎのように語られている。

一には慚、二には愧なり。慚は自ら罪を作らず、愧は他を教えて作さしめず。慚は内に自ら羞恥す、愧は発露して人に向う。慚は人に羞ぢ、愧は天に羞づ。是れを慚愧と名く。
慚愧なきものは名けて人と為さず、名けて畜生と為す。慚愧あるが故に、父母、兄弟、
　姉妹有ることを説く。

「慚」とは、自己に恥ずることである。人間としてこんなことを言ったり、したりしているが、そんな行いを恥じていない自分は、本当に人間と言えるのだろうかと、自分を深く掘り下げていくことを、お釈迦さまは「慚」と言われた。この自分を深く掘り下げることを向自性と言う。

「愧」とは、天に恥ずることである。私たちは人間お互いの関係だけを人間というのではない、人間を超越した仏に対して、神に対して人間なのである。それを向他性と言う。「見てござる」、「見られている」という仏の智慧の眼に気づく関係で、超越的な世界が保たれるのである。

慚愧あるとは、人間性と宗教性が保たれて真の人間が成就される、そのことを慚愧あるが故にと、為すと言われたのである。

よく教うれば

今日《こんにち》と違い昔は、お菓子といえば自家製のおやつであった。現代の感覚からは、菓子とは言えないような物だろう。ただ空腹をしのぐだけの粗末な物かも知れない。しかし、みんな嬉んでいただいたものだ。時たま、市販のお菓子を頂戴すると、大事に口に入れて嗜《たしな》んだものである。

菓子袋をしっかり握り締めて味わっているところへ、同じ年ごろの仲間が近づいて来ると、さっと両手で背後に隠したものである。それほどお菓子は貴重な食べ物であった。今、思うてみると嘘みたいな話がある。

仲間が近づいて来ると、「何食べとる」と覗き込むので、必死に隠そうと逃げるが、「何食べとる」、「何食べとる」と、それでも追いかけて来る。こちらが小走りで逃げると、向こうも小走りで近づいて来る。おばあちゃんを見つけて、すり寄って助けを求めると、意外な言葉がおばあちゃんの口から飛び出した。

「分けてやらんね」

渋々と袋のなかから取り出し、その子に手渡すと、追いかけて来た甲斐があったと思ったのか笑顔になった。右手を差し出したその子に、おばあちゃんは言った。

「物をもらうときは、『お頂戴』と両手を出すと」

マナーも教えてくれた。

受け取ったり、もらったりという行動と共に、与えたり、分配したりすることの大切さも、遊びのなかで教えていたのである。自他の分け隔てなく、厳しく、優しく噛み砕くように話してくれた、昔の愚夫愚婦に頭が下がる。

「和を以て貴し」と、人と人の和の貴さを誰よりも実践された聖徳太子のお言葉に、「人尤《はなは》だ悪しきもの鮮《すくな》し。能く教ふるときは従ふ」とある。この尊きを善調御《ぜんじょうご》というのである。真実の善知識のことであり、凡夫の荒馬を上手に乗りこなすことに譬えられている。乗りこなすとはつぎの三つである。

一つには「畢竟軟語《ひっきょうなんご》」という。徹底した優しい言葉で私を導いてくださる。

二つには「畢竟呵責《ひっきょうかしゃく》」という。徹底的に私を厳しく育ててくださる。

三つには「軟語呵責《なんごかしゃく》」といわれ、その人に応じてときには優しく、ときには厳しく導き育ててくださる。

これが仏のご教化のお姿である。自分の都合で相手をおだてたり、なだめたり、妥協してできた友は親友《しんぬ》とは言わないのである。

学ぶ

くりくり会

今日、少子化・高齢者社会となり、家庭内においても、社会においても、子どもへの関わり方が過保護・過干渉になって来ており、まさに過ぎたるは及ばざるが如しである。子どものわがままな増長に対して大人たちは、各方面から甘いと指摘は受けるものの、現状はますますエスカレートの一途を辿るようである。

自分に興味のない手伝いなどの仕事になると、根気がない。耐えること、辛抱することを罪悪のように思っているようにも見受けられる。

家庭は核家族化し、かつての厳しかった父と、優しく抱き込むような温かさのあった母や、祖父母たちが醸し出した、貧しくとも和むような家庭は消え去ってしまった。

中学教師を退職した父親の話である。私は生徒には厳しかったが、一人娘の我が娘には、何一つ叱ることもできない気弱な父親である。叱ってきた多くの生徒たちにすまなかったと、時々胸の疼くのを覚えると言っていた。

家庭内で本気で対話をすることもなく、皮相的な見方と話し方では、人間関係は希薄になっていくのは事実である。

国は保育事業の一環として、「ふれあい運動の展開」を呼びかけている。幼児期にいかに多くの異年齢者と出会うかという企画である。

我が園では、小学生とのふれあいを「くりくり会」、父母とのふれあいを「えくぼ会」、そして老人とのふれあいを「あそぼう会」として、幼児たちは楽しんでいる。また中・高生の保育体験学習でのふれあいを歓迎したり、茶道を学び茶会を催し、もてなしの実践をしている。ふれあいを通して、してもらうだけではなく、してあげる奉仕の心が身につくことを願っている。

祖父母を知らない園児、小学生の兄や姉のいない園児も多いようである。年間のふれあい回数は限られ、少ないが、ふれあいそのものを印象深い企画にしたいと心血を注いできた。そのいくつものふれあいの一つである「くりくり会」に訪れた母親との会話で感じたことがあったので書くことにした。

卒園した小学生とのふれあいを、年一回ではあるが、毎年三月の第二土曜日に、長年にわたって続けている。そのふれあいを「くりくり会」と命名し、案内の葉書きを出している。出席者はその葉書を園まで持って来るので、観光スタンプを真似た、男女の笑顔の子どもと「くりくり会」と刻まれた大きなゴム印を、朱肉で葉書の上にポーンと記念に押している。毎年約七、八十名の参加はある。

上級生になるほど、出席は減ってくる。六年生になると、こんな所への参加に恥じらいを感じ始めるらしい。その上、最近はスポーツの対抗試合などと重なり、次第に参加者が減っていくのは淋しい。それでも今年も七十人以上は集まっていた。

「おはようございます」

C君のお母さんの声である。事務室へ入って来たお母さんが弾んだ声で、

「お兄ちゃんが試合に行くのでC君は欠席にしていましたが、昨日学校で友だちが『くりくり会』へ行く話をしているのを聞いて、お兄ちゃんが行かれなくても僕は行きたいと言い出したので連れて来ました。参加はよろしいでしょうか」

「はい、参加はできます」

毎年、中食や飲み物は余裕をもって注文しているので、少々人数が増えても心配はない。

「C君はどこにいますか」

「友だちと二階の方へ階段を昇って行きました」

C君は自閉症である。もう四年生になるが、三歳児で入園して来た当初は、ちょっと目を離すと、どこかへ飛び廻って、それはもうはらはらしたものである。

C君は三人兄弟の二男坊である。時々お母さんと会って立ち話をしていても、「C君が」と、三人の子どものなかでは一番名前が出てくるような気がする。「友だちと一緒に二階へ」というお母さんの声には、友だちへの信頼と安堵のニュアンスがあった。

C君の行動を友だちは特別視していない。邪魔な存在でもない。むしろ逆にC君は、友達に、思いやりの心、福祉の心を自然のうちに育てているのかも知れない。そんな話をしていると、お母さんの目に涙が光っていた。やっぱりお母さんは、C君が大好きなのである。

「涅槃経」の一節が思い出される。

たとえば一人して七子あらん、この七子の中に（一子）病に遇えば父母の心平等ならざるにあらざれども、しかるに病子において心すなわち偏に重きがごとし、大王、如来もまた爾《しか》なり。もろもろの衆生において平等ならざるにあらざれども、しかるに罪者において心すなわち偏《ひとえ》に重し。

友だち関係は、保育園、小学生から中学生、そして高校生へと進み、それぞれ学校が違ってくると、友達同士、今までと同じように関わることは、時間的にも容易ではなくなる。友達も自分のことで忙しくなってくるから、いよいよ友情も限定され遠ざかっていくだろう。相対的愛の限界にたじろぐことになる。

また、障害を持った本人も、社会人となったとき、常に周りの愛といたわりと励ましが必要かも知れないが、現実には不可能な点も多いことを、本人自身が理解できる、広い心に目覚めるようなケアが何よりも先行して必要である。

なぜか。そのことを問うことこそ福祉の根本精神だからである。ふれあいとは人と人との和である。福祉への批判・問題が多いのはなぜか。それはまた福祉への関心の深さでもあることを再認識して、心身を正さねばならない。

来賓祝辞

今まで何十回となく、小学一年生への入学を祝う祝辞を話してきたか知れない。しかし、今年のように米英とイラクの交戦により、諸外国に比べて日本も、米英への援助国として、テロへの危機感は強まっているような、そういう状況のなかでの祝辞は、空々しくなるのではないかと気重になっていた。しかし、その日は来た。そんな時代の状況のなかで述べた祝辞である。

可愛い皆さん、小学校へご入学おめでとうございます。

保護者のみなさま、お子さまのご入学おめでとうございます。

校長先生をはじめ諸先生方は情熱をもって新入生を迎えられたことと思います。本当におめでとうございます。

毎年のことながら、花の季節に、多数の来賓の臨席のもと、こうして和やかに、静かに式典が催されていることは、状況が状況なだけに大変嬉しいことであります。

金ピカの一年生のみなさん、これからお勉強に頑張ることでしょう。また、運動、スポーツですね、これも頑張るでしょう。この二つは大事なことです。

でも、オギャとこの世に生まれて来たでしょう。生まれて来てから一番大事なものは何でしょう。

それは、みんなと仲よくすることだと思います。そのためには、みんなの心のなかに、いらいらしたり、腹が立ったり、友だちをいじめたり、悪口が出てくるとき、どうして起こってくるのか、それはなぜいけないのか、どうすればよいのか、友だちや、お父さん、お母さん、先生ともよく相談してください。一人黙って苦しむのはよくありません。

保護者のみなさま、現在は学業成績中心主義になっているようです。勝つことだけが要求されます。子どもの顔を見れば「勉強、勉強」という言葉しか出てこない親がいると聞きました。また、何でも「早く早く」とせきたてる親のいることも聞きました。急ぐことには誤りも多いようです。

どんなに成績がよくても、大人になって悪いことをする人は少なくありません。成績が悪い、体が弱い、ふとしたことから家庭が貧しくなり生活に困ることもあります。それでも心が清く、温かな心、頭の低い、しっかりした人も大勢います。

聖徳太子は「和を以て貴しと為す」と言われました。大事なのは人と人との和であります。これさえあれば他のことはどうあろうと、人の世の望みは足るのだということを、親子共々学んでいただきたいと思います。

今日も新聞やテレビはイラクの悲惨な戦場のニュースを大きく報道していた。

道徳教育

自分にできないことをしろというのが役人なのか、「できない」と反論もできず、もたもたしていることの一つに現場での道徳教育がある。

道徳を教育するとは少々変である。道徳を教育するとか、倫理を教育するという、その後ろめたさが、もたもたして「できない」という心を起こさせる。しかし、役人に反対はできない。現場から「教育」するというあり方を取り除いたらどうだろう。道徳を教育するとは、押しつけのようにも受け取られがちだ。

道徳教育に反対できないため、立派な道徳教育をしていると見せかけるか、嘘をつくよりほかはない。そうした態度に平気な人もいるだろう。だからといって、「できません」と正直に言えば、役人の決めたことだ、それをやらないと首が飛んでしまう。一家おまんまの食いあげ、日干しになるだろう。生きてゆくため、教師の立場に目を覆い、できもしないことを、できるかのように嘘をつくほかない。

それでも「どうしてもできません。そんな資格ありません」と苦悩する教師こそ、真実の生命に出会ったといえる。裸の自分を、生徒の前に、間違ってもおれのような大人にだけはなるなと投げ出されたところに、極重悪人と死してありのまま、そのままに生きる教師こそ、自然のうちに真の道徳を行っているのである。

親鸞は弟子一人も持たずといわれた。全生徒の前に跪《ひざまず》いている教師。拝むものが拝まれるのである。自然の道理にて柔和忍辱《にゅうわにんにく》の心もいでくべしとは、親鸞の仏教道徳であろう。

社会が要求する「無菌状態」

保育園の園長を五十年やっているが、昔に比べて衛生面などで、社会の要求が厳しくなり、とかく「安全第一」にならざるを得ない。ある意味では、教室など部屋を「無菌状態」にして、子どもを囲い込んでいるような気がする。このため接し方だけは、せめて明るく、開放的に、と心がけている。

少年による凶悪犯罪が世間を騒がせているが、かつての子どもと今の子どもでは、本質的な部分は変わっていないと思う。様々な刺激、情報にふれれば、子どもにも煩悩があるので、色々な問題が出てくる。昔はそんな刺激がなかっただけである。この状況をどうするかを考えるべきではないのだろうか。

小さい子がナイフをいじっているとする。大人が「危ないからだめ」と言うと、かえって持ちたがる。代わりのものをやると、ナイフを捨ててしまう。ナイフの代わりになるものを与える教育が大事なのだと思う。

大人の都合を優先すると、子どもに無理がいく。「朝は時間がない」と親が食べないと、子どもは巻き添えを食う。私はいつも、家族一緒に食事をしてくださいと言っている。また、食事を作らない家庭もある。「台所」は、人間の土台を作る所なのに。

子どもの問題を考える際に、特別なことはいらないと思う。幼児期には、当たり前のことをすればいいのである。

（二〇〇一年に「朝日新聞」に「オトコノミカタ」として掲載したものに加筆）

自己をみつめる

子どもという目隠し

母親が子どもの学習塾通いや、趣味の稽古通いなど、教育に熱心になれるのは、小学生の間だけだろう。その間に心置きなくやっておくがよい。その期間はあっという間に過ぎるだろう。

子どもに「頑張れ頑張れ」は、夫への期待をあきらめた妻の、変形した子どもへの応援歌だろうか。

幼児の母親は「小学生になったら」、小学生の母親は「中学生になったら」、中学生の母親は「高校生になったら」、子どもに手がかからず楽になるだろうと妄想ばかり。ところが、高校生になると「中学生のころがよかった」、中学生になると「小学生のころがよかった」、小学生になると「園児のころはよかった」と追憶にふけってばかりいては、今を生きるとはどういうことになるだろう。

大人の嫌がることをしたり、客の前で普段はしないことをしたりするところに、子どもの値打ちがある。大人の望む通りなら、子ども大人だ。子どもの可愛さとは何だろう。

母親たちが、世間の子どもたちの素行の悪い話を耳にするとき、我が子に限ってと、みな心のなかで思っているだろう。いや、最近では逆に、もしかしたら我が子ではないかと思うのかも知れない。

鉄は熱いうちに打てという。人間も教育するのは子どものときだけだ。固くなったものを打っても伸びない。打つというのは、一打一打で、そのときそのときに思いを込めることが大事だということ。打つとは瞬間を意味する。くどくない、あっさりしている、さっと引きあげる。つまり、鉄を打つと同じように子どもへの教育は率直でなければ、親の気持ちは伝わらない。

ＰＴＡなどの集会のときに、まるで園児や生徒に言って聞かせているような言い回しや、くどい話し方の先生はいないだろうか。親も同じ、くどくど、ねちねち言って聞かせているのでは、親の心が子どもには伝わらぬ。顔はあなたの方を見ていても、子どもの心は別の遠くの方へ向いているだろう。話したいとき、一対一、先生と生徒、親と子はじっと目と目を見つめ合ってごらんなさい。この無言ほど率直なものはないかも知れない。どうしたら瞬時に先生や親の気持ちが伝わっていくのだろう。真実は率直だ。

美人ほど見飽きが早いという。どんなに美しい顔でも、じっと見ているとグロテスクに見えてくる。通りすがりの美人とか、垣根越しの美しさなどと小説に出てくるが、本当にチラと見たときにのみ美を感じるようだ。

瀬戸内寂聴さんは、富士山は登るのでなく、眺める山ですねと言っていた。車窓から見える富士山をチラとも見ない、毎日の通勤者たちを見る。

子どもが転んだら、起こしてやるのが親切だと単純に考えている人が多い。子どもが物体に衝突すると、向うが悪いと物体をぶつ真似をする。

子どもに口喧《くちやかま》しく言って聞かせることは、口喧しい人間に育てあげるほかの効果を持たないものだ。

あの家の孫はお爺ちゃん子とかお婆ちゃん子かなと言っては、よく祖父や祖母に似ているということを聞くが、精神面は隔世遺伝の確率が高いということだろうか。

親は我が子を必ずよい子と思っている。だから他人から我が子の悪口を聞くとむきになる。それは本当に我が子を信じたことにはならぬ。他人の言葉に耳を傾け、また他人もよい人と信ずることが、人を信ずるということだろう。

母親の虚栄心のカモフラージュに「教育熱心」というものがある。子どもの教育が母親の見栄の達成の手段に使われては、子どもこそ、いい面の皮といわねばならない。

子どもの教育を心配するあまり、あの子の親がどうの、先生がどうのと、それはもう厳しい批判をするが、その批判をする前に、あなた自身は教育をそれほど心配する資格はあるのですか。我が子の可愛さのあまり、煩悩にさえぎられて自分が見えなくなっていませんかと、今一度問うてみるといい。

聞かれもしないのに、子どもの自慢話をする親、聞かれたら長々と子どもの自慢話をする親がいる。子どものことは、聞かれたら、必要なだけ話せば足りるだろう。

人間教育の時期のなかで、一番大切な時期について、三つ子の魂百までとか、幼児期こそとか、小学校の時代とかいわれているが、小学生までの教育の重大性を特に思う。そこで培われたものが、その子の一生を貫くのだとなったら、どうでしょう。先生、両親はまずもって自己を省察すべしでしょう。

結婚すると、子を産むとは言わず、授かるとも言わない。作ると言う。作るという感覚は、自分が思うように育てることができると思ってのことだろう。思い通りにできないと、人のせいにしかねない。人のせいにした言葉を百万遍言っても何の解決にもならない。ついに子どもに向って、「勝手にしなさい。あなたのことは何とも思わん」と捨てぜりふを吐いたものの、うっちゃっておくことができるとでも思っているのですか。

親が子に最初になさねばならない儀式は、この子親なし、と我が子であるという思いを捨てることでしょう。

男女共同参画時代、子育ても御多分に漏れないことは勿論だが、我が子をあやす若い父親を見かける、何となく悲しくなってくることがある。

でも、子どもの教育を母親任せという時代ではない。そんな男はいないだろう。しかし、職業柄、子育てに参加できない父親もいるだろう。男女共同参画がどうのこうのというが、子育ては結局私でなくては駄目だというように、母親は思うものである。やがてその子たちが成長して成人となってくると、しみじみと女身を厭悪《えんお》せずにはおれなくなるのだが。

お母さん、あなただけではない。男も女も誰の心も、その奥を静かに尋ねると、斉《ひと》しく深い悩みを堪えている。

すぐに泣く子は、思いのほか気が強いようだ。

草がつつじの間から、ひょろひょろ伸びているが、同じ雑草でも何も植えていない地面では、ずんぐりしている。

毎年母の日がやって来る。母親を讃える日である。それは自分の子どものことだけを考える利己心を讃えるというのか。

小学生の低学年のころまでは、これくらいのことがどうしてできないのかと母から叱られる。お母さんの子どものときはよく勉強ができたのかと子どもは錯覚する。

このごろ、子どもが電話で友だちに「ごめんね、都合が悪いの」と言って断るのを聞くことがあると母親が話したので、あなたのお子さんも嘘つきが上手になった証拠ですと言ったら、本当ですかと驚いていた。

今どきの子はなかなか喧嘩をしないのに、珍しく、年長の園児の男の子たちが喧嘩になった。負けた子は、「大人になったら勝ってみせるからな」と涙声で言った。勝つことがそんなに大事なことなのか。葉隠武士は「武士道とは死ぬことと見つけたり」と言い、それにヒントを得た盲目の仏者・暁烏《あけがらす》敏《はや》師は「仏法とは負けることと見つけたり」といただかれた。

男女共同参画で子どもを育てて老いてゆく。そして死んでゆく。一人の例外もなく。女のライフ・ワークは何だろう。逆立ちしても男にはできないことがある。子どもを産み育てるということだ。人間を生む大地性も、変成男子の願をたて、女人成仏誓いたり。ゲーテの詩より。

女達が愛したり、憎んだりすることに
我々は反対すまい
だが女達が判断や意見を出そうとなると
奇妙な観を呈することが多い

阪東玉三郎公演の「ふるあめりかに袖はぬらさじ」四幕を、妻と山鹿市の八千代座で観た。休憩をいれて三時間半だった。出ずっぱりの玉三郎は、芸者の悲しさを低い声で見事に演じていた。客は一語も聞きもらさじと、耳を澄ましていた。空気は静寂そのものである。役にもよろうが、大きい声を出せばいいというものでもないと思った。ただ、大きい声を出すものに力はないのだなあと、しみじみと気づかせた芝居だった。

毎田周一師の「汚穢《おえ》」について耳を傾けたい。

マハトマ・ガンジーは、親が子どもに隠して自分たちだけで物を喰っても盗みだと言った。これが家庭における「汚穢」の萌芽である。

このことに気づけば、議会で問題になっている汚職を唾棄したり、笑ったり、攻撃ばかりしてはおれないと、毎田師は言っておられる。今日議会で問題になっている談合汚職の萌芽がすでに家庭に、いや私一人のなかにあったのだ。

母親二題

二、三十年前に読んだ渋沢秀雄の著作、その書名は忘れたが、「母親二題」という短文があり、その内容を不思議と鮮明に記憶しているのは、悩み多き若き園長のころの読書だったからだろうか。その話とはつぎのようなものである。

ある貧しい農家の母親が、月夜の晩に子どもを連れて、他人の芋畑に行って芋を盗もうとする。子どもに見張りをさせてである。人が来たら知らせるのだよと言って、自分はせっせと芋を急いで掘って袋に入れた。重い袋をかついで子どもに言った。人は来なかったかと。子どもは答えた。「誰も来なかったよ。でもお月さまが見ているよ」と。

きっと子どもは、親の姿を見たとき、お月さまをまともに見ることができなかったのであろう。母親には自分が見られているという智慧がひらめかなくなっていたのだ。そんな内容であった。

もう一つの話はつぎの如くであった。

渋沢さんが渋谷駅から浅草行きの地下鉄に乗車するとき、ドアが開くと、乗客の列に割り込んで来た六、七歳の少女が、車内に飛び込んで座席にうつ伏せになり、両手を拡げた。そこへ後から乗り込んで来た母親が「ごくろうさん、うまく席がとれたね」と子どもをほめながら、親子並んで腰かけたという。

それから後日、東横線の車内で、十二、三歳の少年と母親が並んで腰かけていたが、途中で客席は満席になっていた。そこへ赤子を抱えた女性が乗車した途端、母親は少年を立たせ、どうぞと席を譲った。

この二つの光景を見た渋沢さんは考えたそうだ。前日の娘とこの少年が縁あって夫婦になり、子どもが生まれたら、両親のどちらに似るだろうかと。残念ながら母親の感化が強いのではなかろうかと。

汝自当知《にょじとうぢ》

息子の男友だちが、障害児で歩行が不安定なため、学用品がいつもより少しでも重くなると、登下校の際、連れ立ってゆく友達との間隔が開くので、その二、三人の友達は待っては歩き、歩いては待ちながら学校に通っている。

ある日、「友達」という題の座談になったときのことである。障害のある友達と登下校を一緒にしている子の母親の一人が、ものを憐れみ、愛《かな》しみ、育むことの大切さを繰り返し話をしていたが、その母親の目には、我が子が健常者でよかったという利己的な笑みが浮かんでいた。

仏典に「汝自当知《にょじとうち》」という言葉があるが、本当の自己の相を知るのは難のなかの難である。

世はまさに男文化から、女文化へ移行している。父親より母親の存在が大きく見えるのだろう。マザコン男が増えてきた。

小学生の不登校、いじめ、ひきこもりが問題になっているが、定年後の男のなかにも不労働、いじめ、ひきこもりが問題になっている。そういえば、昔から、特に男の老人を「年寄り子ども」と言っていたようだ。

作家・渡辺淳一は、『男時、女時』のなかで、男は女よりはるかに陰湿で嫉妬深いといい、女の多くは家庭のなかでは自由に育ち、おかげで言葉もはっきり言う癖がついてしまったと言っている。

百年前のゲーテは、女は嫉妬深くて、女たちが判断や意見を出そうとすると奇妙な観を呈することが多いと記していた。

三十年前のM師は、女子高で教鞭をとっていると中性的行動が身についてくると言っていた。また、女子高生である彼女たちは、話していても語尾を細めるため、結末を察する能力が必要だと言う。

ゲーテやM師の時代からいえば、現代の男は老いも若きも女性化へ、女は男性化しているようだ。これを逆転現象というのだろうか。

A男がB男の弟を褒めた。

「お前の弟はやるね。何人も雇って会社の社長か」

B男は言った。

「いや、たいしたことはない。そのうちどうなるやら」

それを聞いたA男は、B男は弟の出世を喜んでいないと思ったので、ある日、人の集まっているところでこう言った。

「あのB男兄弟は仲が悪いようだ……」

A男はB男に、弟を褒めたらどんな反応が返ってくるかと試したのである。悪魔は試すとはこのことか。男というものは、兄弟でも男同士はライバルなのだ。


調御丈夫《じょうごじょうぶ》とは、どんな荒馬も調教できる仏の別名である。よきひとに育てられるとは、徹底した優しい言葉で私を導き、徹底して厳しい言葉で私を叱り、人に応じて、ときに優しく、ときに厳しく育ててくださるということである。また善調御という。


仏教徒が命日に魚肉を食さないというのは、それを慈悲として捉えているからである。しかし、精進は魚肉を食べる食べないの問題ではないと、理論的に説明をしたり、理屈を言う人がいるが、これは一瞬の感情があるだけのことで、理論を論じている場合は、自身は問題になり難いのである。

たとえば、魚肉を食することができるのは、直接自ら手を汚さずとも、誰かれによって殺されているからである。それは間接的であっても、同罪であるとすると、一方から、精進は魚肉を食する・しないという物質的な問題より精神的なものであると主張する声があがる。両者が理論武装し、相対論理の立場で主張する限り、自分は是であり善であり、正しいということになる。したがって、自己の内奥の、自己の煩悩による汚穢の真実相は少しも見えてこない。いや、見ようとしないということなのである。

家族を支える

男として夫として

男女雇用機会均等から男女共同参画へと進展してきた。

福岡県の公報「ふくおか」によると、平成十三年度に「福岡県男女共同参画推進条例」を制定し、「福岡県男女共同参画計画」を策定した。また理解を深めるために、毎年十一月の第四土曜日を「男女共同参画の日」と定め、功績のあった県民、団体、企業を表彰する制度まで設けている。

男女共同参画社会の実現に向け、意識の改革、社会制度、慣行、地域における諸問題などに学習と対話を重ねていくことだろう。

女性が安心して働ける職場、女性の社会参加活動への登用、女性に負担の多い子育てへの支援と、問題は山積みしている。逆にいえば男の生き方そのものが問われている。男にも年代差や、考え方は十人十色で意識の改革は容易ではなかろう。

平成十四年七月に内閣府が実施した「男女共同参画社会に関する世論調査」（二一六八六人回答）による、家庭生活における男女共同参画の内容はつぎの通りである。

掃　除　妻八三％、夫四％、その他十三％
洗　濯　妻八九％、夫二％、その他　九％
食事の仕度　妻八七％、夫二％、その他十一％

女性たちが外食は後片づけなしでお喋りができるのが楽しみという気持ちが、この世論調査からもうかがえる。

家庭生活における男女共同参画を全国的に進める必要があることが報告されている。

女性はなぜ食事の仕度をするのが負担になったのだろうか。職場や社会への参画の多様化もその一つだろうが、懐具合と相談して買って来た食材で作った料理も、家族揃って食べるときが少ないとか、作っても好き嫌いがあってわがままを通して食べてくれないなどということが続けば、作り損、くたびれ損になって、どっと疲れも出るだろう。

食べているときも、やれビールだお茶だと言われ腰も落ち着かず、食後はみな好きなことをして手伝いをしない男たちを眺めていると、女性とは、母親とは、妻とはという、その存在そのものが何なのだろうと、心の底から悩み出す。すると疲れも深刻になり、掃除についても洗濯についても同じ心になってしまう。

企業関係では、職場内の男女の均等な機会の確保と就業体制の確立はどうなっているか。地域社会では女性の人権はどうか。地域社会づくりに男女参画はどうなっているかを問いつつ、「男らしさ」という概念について、また根本的な男性像の取り組みなど、日常生活そのもののなかで勉学されねばならない時代であることに気づくべきである。

一昔前の男性は、勝手気儘なところもあって、少々横暴なところもあったが、女性は「男じゃけん、仕方なかあ」、「男らしかというのじゃろ」と我慢をしてきた。それがジェンダーであるという自覚は稀薄であった。

女性は女業といって業なもんだという思想が、幼いときから美徳として教えられ、男性のわがままな行動は、「男らしさ」を維持するための行動であったと思い違いをしていたのである。

また一方、男性側には今でも、その偏見は残っている。だから男同士の話のなかに、「女のくせに」、「女は女がつ（女は女でしかない）」という言葉が出てくるのは、心底に女性への社会的・文化的差別が残っている証拠である。今なお、ＤＶ（Domestic Violence）の事件が後を絶つことなく続いている現状がテレビで報道される。これも男女共同参画運動が活発になってから、女性に対する歪んだ思想が滲透した、その感情の支配から生じていることがはっきりしてきた。が、それでも、女性側に非はないというのではない。

また、若くなるほど、男は大人しくなったと言うが、女は強く男は弱くなったのであると、歎く女性もいる。この矛盾をどう受け取ったらよいのだろうか。自然のうちに逆転してきたとでも言うのだろうか。

いや、それとも現代の若者は、ＤＶ、ジェンダーの問題を、自立と対等な社会参画により解決したとでも言うのだろうか。

この問題は、社会的に諸教育を受けることによって、表面的な地ならしはできるが、そんなに簡単で単純なものではない。真実、身の深いところまで教えは至らない。教化が必要である。

教化とは、如来の光に照れされること、表面的な自分しかわかっていなかったのが、如来の教えによって自己の内奥が剔抉《てっけつ》されることである。それを自己の正体と言う。うまくやると煩悩をなくすことができるぐらいに思っている人が、他人のことをとやかく言うのである。煩悩があなたにも、私にもあると、比較すればなくなるのではない。煩悩はやり直したり、消滅させることができるものではない。

ずっと昔に仏は、煩悩だけはみんな具えているから、煩悩具足の凡夫だよと教えていただいたのに、今まで他人ごととしてしか聞いていなかった自分であるということに気づく。生きているということと、煩悩があるということは、同時、同格である。命のある限り煩悩はなくならない。邪見驕慢《じゃけんきょうまん》の悪衆生《あくしゅじょう》である。だから煩悩の誤りに気づくと、すまなかったなあと頭が下がるほかない。

差別する心がなくなるのではない。生きる限りなくならない自分であると気づくとき、転回が起こるのである。煩悩はなくならないが、差別を超えた世界に蓋をしていた煩悩具足の凡夫とはこの身であったと気づくとき、融通無碍《ゆうずうむげ》の世界が与えられ、老少善悪、老若男女、水くさくないのである。

恋愛が宗教的と言われるのは、正反対のものが結合し、火花を散らし、一なる世界に出会うからである。結婚はその持続なのだが。

仮に男を＋とし女を－とすると、＋と－が接触して電流が流れる。＋と＋では電流は流れない。－と－も同じこと。それでは違った電流の結合とは何を意味しているのだろう。

男女平等といっても、身体の違いから生じる相違があるとすれば何か。非常に大事な、見逃してはならないことである。

それは、男は女に肉体を求めるが、女は男に優しい労《いたわ》りのある愛の言葉以外の何ものも欲しないと言い切ってよい。これが曖昧だから、恋愛も結婚したとたん、その落差に女は驚くだろう。夫が妻へ急に嫉妬を起こしたり、暴力を振うなどは、男が女に言葉ではなく、肉体を求める身であることを証明しているのだと思う。

仏は人間が五欲を貪求する身であると教えられた。五欲とは、食欲、色欲、財産欲、名誉欲、睡眠欲である。これをなくせとは言っていない。これなくして人間の存在はない。

作家の五木寛之が、経済はアクセル、政治はハンドル、宗教はブレーキと言っているが、そのことがよく分かる。「欲とは一つ叶えばまた二つ、三、四、五つ、六つかし（難し）の世や」という古歌がある。欲望の増大していく消費社会のなかでのブレーキとは、まず自己省察することだろう。

貪欲は老化と共に希薄になる人もいるだろうが、心は衰えを見せない。

九十歳近い老人がベッドに坐って、女性の看護師の尻に手をやり、冗談混じりに「これが楽しみ」と言う。看護師は「お爺ちゃんのエッチ」と手を払ったという話を聞いたことがある。たとえばサラリーマンが女性社員にそんな仕草をしたら、セクハラで訴えられるだろう。男の色欲の野放しの姿を見る。

仏の光に照らされ、愛欲の広海に沈没している我が身の汚穢に気づかされるとき、ブレーキは利いているのである。男性だけの問題ではない。男女共同参画により同等の立場を生きていく男女では、女性から男性へのセクハラは起きないとは断言できなくなっているが、男性に較べて希薄のような気がする。

歌舞伎の「楼門五三桐《さんもんごさんのきり》」で、山門の楼上で石川五右衛門が煙管《キセル》をくゆらせての有名な台詞「絶景かな絶景かな春宵一刻値千金とは、小せえ小せえ。この五右衛門の眼から見るときは、一目千両万々両。陽も西に傾きて春の夕暮れ来てみれば、入相の鐘に花ぞ散る。ハテうららかな眺めじゃなあ」と都の景色を眺めているところへ、巡礼姿に身をやつした久吉（羽柴秀吉）がやって来ると、ご存知石川五右衛門の辞世の歌「石川

や浜の真砂は尽きるとも、世に盗人の種は尽きまじ」と声をかける場面がある。
「石川や浜の真砂は尽きるとも、世にセクハラの種は尽きまじ」である。業縁の催せば、いつ誰がセクハラ行為をするかわからない。

先の頁で男は女に肉体を求める生き物だと書いたが、これは人間構造上の問題で、科学的にも医学的にも処理できるものではない。

よくよく煩悩具足の汚穢の凡夫の身であることを信知し、念々称名常懺悔《ねんねんしょうみょうつねざんげ》するほかなかろう。

男女共同参画社会の実現のなかで、女性が安心して働ける職場や、女性参加活動への登用が問題になると、まず槍玉に挙がるのが「お茶汲み」であろう。私はバーのホステスじゃない、男にお茶を汲むため就職したのではないと、目をむかれる。もし否定の発言でもしたら、男の人格は問われ、居場所を失うかもしれない。

これは女性が社会へ参画することによって、男性側の慣習の誤りが指摘され、新しい時代を生きていく男性へと脱皮せねばならない転回の時代であるということだ。まさに正しい人間関係を意味しているそこには、教育・道徳の範疇を超えた、罪悪深重・極重悪人の自覚の教えに出合うべき、宗派を超えた仏教の時代が来たのだと痛感している。

もう一方では、子育てや家事負担に男性の参画が要求されている。社会的参画と家庭内参画の二方面から、男性自身の変革を迫られていることは、心身共に優しい労りのある愛の男性の誕生への道ではなかろうか。真に強い男はそこにある。下世話に言う「あの男は女の尻に（嫁の尻に）敷かれている」という言葉の妄想に惑わされて、いつしか男が虚勢を張ってきたのだろう。男も凡夫、女も凡夫、共に是れ凡夫のみと頭の下がる道を往くことが、男女差別の道を超えてゆくことになろう。

鍛える

ＮＨＫのにんげんドキュメント「野村萬斎わが子を鍛える――狂言三代で迎えた初舞台」というタイトルの放映を見た。

祖父萬作の孫への指導と、父親萬斎の子への指導が対照的であった。親の萬斎は、子に狂言の形を正確に伝えるために、間違うと厳しく否定的な態度をとっているが、祖父の萬作は、稽古が終わると、孫の間違いに「よしよし、よう頑張った」と受け入れの態度をとっている。孫は「ありがとうございました」と丁寧に頭を下げると笑みを浮かべてその場を去った。

ある日の稽古中、萬斎は、子猿役の三歳の我が子が、見せ場である引っ繰り返るところをよく忘れるので、忘れることは決して許されないと厳しく叱っていた。

そうして三代で迎えた、狂言初舞台である。しかしその初舞台で、子猿は引っ繰り返るのを忘れてしまった。客は幼い小猿の引っ繰り返りの演技を待っていたのに、見ることができなかった。

舞台のあと萬斎は、取り返しのつかない大事さに気付くよう、我が子を強く叱った。そしてさらに「つぎの公演では間違いのないよう元気を出しなさい」と立ち直らせようとした。これはあまりに対治的ではないかと思った。耐えていた子は、ついに思いきり泣きながら「忘れました。間違いました。ごめんなさい」と頭を深く下げた。

父親の厳しい対治的態度と祖父の同治的慈悲の態度が一つになって、鍛えられ伝統の芸を身につけさせようとしている姿がよく映し出されていた。そして祖父、親という関係と年齢を超えた、師匠と弟子という、他人としての人間尊重の芸に心を打たれた。

三世帯家族

あるとき、知人の祖父は、孫たちが衣服や玩具を部屋中に散乱したままだったので、息子の嫁に整理整頓するように言ったが、「はい」と返事はするものの、勤務に追われて片づける気配はなかったという。

ある祖父は、小学生の孫に、部屋での服の脱ぎ捨てはどうかならんものかと言えば、そのときは畳み直すが、それも三日坊主で、困ったものだと歎いていた。

なぜ困ったと言うのだろうか。別に自分の居場所がなくなるというのでもないのに。


今の祖父たちの子どものころは、服は着た切り雀が多かった。着替えをそんなに持っていたわけではない。玩具は買うというより、親か自分で作るものであった。割れ瓦は玩具作りの貴重な材料の一つであった。割れ茶碗や皿などはごっこ遊びの道具であり、家に持ち込み、親に見つかればたちまち捨てられるので、秘密の場所に隠していた。これらは年輩の人には経験があり思い出されるだろう。

自分の勉強机もなく、夕食後の食卓が唯一の机に早変りする。そんな状態だから、子どもも部屋のあちこちに持ち物が山積みされたり、散乱する今日の消費社会を生きる子どもとは折り合わないだろう。

貧しい子ども時代、物を大事にし、粗末にするなと毎日聞かされた環境のなかで成人した祖父母たちが、孫たちの乱雑さに困ったものだと歎くのは当然なのかも知れない。

私の住宅の横手に孟宗竹林がある。春になるとにょきにょきと、若竹があっという間に高く伸びている。いろんな植物があるが、なになにの子と呼ぶのは、竹だけだろうか。竹の子といって尊重されている。皮をすっぽりかぶったまま地中より突き出て来て、そしてあっと言う間に生長する。竹の子は皮を一枚一枚脱ぎ捨てて、節と節の間隔が長くなっていく。根元には子どものときの皮が振り落されたようにして重なっている。

人間も同じで、子どもが赤ちゃんのころは、ベビー服は毎日毎日脱いでは洗濯、その繰り返しをしているうちに窮屈になり、脱ぎ捨てるようにして新しい大きめの服を買って被せる。そしてだんだんその繰り返しが早くなってゆく。まるで竹の子の脱皮の姿のようで、よく似ている。

そのうち、部屋のなかを一人で歩き廻ると、手当り次第、物を取っては遊具の対象にして遊び、飽きると放り、別な物へ手がゆく。後片づけの能力はなく、大人が整理しない限り、部屋はますます散乱したままである。ときには遊び疲れ散乱した遊具のなかで、すやすやと眠ったりしている。どうせ片づけても同じことと楽な方へと放っておけば、片づけが面倒な仕事になり、怠け癖がついてしまうだろう。

祖父は、子ども部屋だけかと思ったら、息子夫婦の部屋も脱ぎっ放しだったと、見てはならぬものを見たと、いささか罪を感じた話し振りであったが、話はさらに続く。勝手口の履物も同じこと、朝きれいに揃えておくと夕方はもう滅茶苦茶になっている。これでまた、「困ったものです」が出た。本当に困ったことですね。

「蓮如上人御一代聞書」のなかの一文である。

衣裳等にいたるまで、わが物と思い、踏みたくること、あさましきことなり、悉く聖人の御用物にて候うあいだ前々住上人、めし物など御足にあたり候えば、御いただき候うけたまわりおよび候う。

蓮如上人御廊下を御とおり候いて、紙切のおちて候いつるを、御覧ぜられ、「仏法領の物を、あだにするかや」と仰せられ、両の御手にて、御いただき候うと云々、総じて、御用と、仏物と思し召し候えば、あだに御沙汰なく候いしの由、前々住上人、御物語候いき。

また、ある三世帯家族の祖母の話である。毎日毎日、ちょっと汚れただけでも嫁は洗濯を欠かさない。嫁は勤めているため、私が干物を取り込むと山のようになる。それを一枚一枚畳み整理するのは私の役目。四十分はかかりますよと愚痴っていた。私なんか二、三日は同じ物を着ているのに、だから老人は臭いと言われるのかも知れないと笑っていた。息子夫婦親子は毎日毎日着替えているという。

私が少年のころは、兄弟・姉妹が多く、洗濯は毎日していただろうか。洗濯機のない時代は、天気のよい日は、どんなに忙しくても洗濯をしたものである。好天気に洗濯物が一枚も干してない家は、あの家は無精者だというような言い方をされていた。

母から時々、自分の物は自分で洗ってはどうかと叱られ、渋々洗濯していたことを思い出す。辛い労働の一つであるなと思ったものである。

戦時下、物資不足が続き、毎日の必需品の石鹸が潤沢に手に入らない。「欲しがりません、勝つまでは」のスローガンを守り、粳袋か何かわからないが代用品で身体を洗っていたような気もする。

戦後、石鹸が次第に店頭に並び始めたころの話である。ある嫁・姑の石鹸騒動が、思わぬ結果になった。

ある日、小さくなった石鹸を見た姑が嫁にいった。洗濯に石鹸の使い過ぎと詰《なじ》ったので、嫁は反論した。子どもの汚れを落とすには少々のことでは落ちないと大声で言った。少々汚れたぐらいで一々洗っては、石鹸はあっと言う間になくなってしまうじゃないの、と経済論までぶちまくった。嫁は切れた。こんな家にはいられはしないと、翌日、息子夫婦は子どもを連れて別居してしまった。

今考えれば、石鹸ぐらいで大袈裟だと笑う人が多いかも知れないが、物資不足の当時は真剣だった。その石鹸によって物言わぬ、冷たい人間関係の家族になろうとは、まさに地獄の話である。

山積みの洗濯物を前にして愚痴りながらも畳んでいる祖母の手は、これもお役に立っているのだろうかなと、幸せな手さばきになっていくのだと思う。この方は、一人洗濯物に手をやり、毎日洗濯ができるのも、戦争のない日本が平和である証拠ではないかと合掌し、喜び、また世界の平和を願うのですと言っていた。

今を生きる

煩悩具足の凡夫なり

徙倚懈惰《しいけだ》

釈尊の弟子たちが、托鉢の途中、食べ物を売る店の前に立つと、店の婦人が店内へ案内した。弟子たちは言われるまま、彼女の布施の行為に合掌して、それぞれ席についた。銘々に酒が注がれ、日ごろ口にしたことのない飲物に、気持ちが浮いてきたところ、足もとに一羽の鳥がいることに気づいた弟子は、酔いにまかせて、鳥をご馳走せよと要求した。婦人は布施と思い弟子たちの要求に従った。酒に酔い肉食に満ち足りた弟子たちは、婦人に迷惑行為をしてしまった。昨今話題のセクハラである。

このことは、直ちに釈尊のお耳に入った。釈尊は弟子たちへ殺生・邪淫・不飲酒戒をお説きになった。そうして小乗仏教では、戒律がつぎからつぎへと生まれていったとも伝えられている。

日本共産党の看板議員がセクハラで辞職している。その問題を受けて党では、党本部職員らの自宅外飲食は原則禁止すると発表した。これも先の小乗仏教と似通った話である。釈尊は「涅槃経」のなかで、阿闍世《あじゃせ》に向かって、そもそも狂惑の凡夫に戒を作っても意味はない、外からの規律は破られるもので、「個人の自覚」に待つほかはないと言われる。戒律とは、自らが自らの内なる願によって作られていくことこそ、もっとも厳しい戒めになるのではないか。

飲酒禁止の内規があったとか、なかったとか、外側の規制で大の大人がコントロールされなければ、政治に支障をきたすとは情けない話である。政治家といえども、貪欲・瞋恚《しんに》・愚痴の貪瞋痴の三毒の塊であるし、どんな「党の規律」を作っても、三毒の展開が必然的に行ぜしめられるのが五悪である。

五悪とは、一に殺生、二に偸盗、三に邪淫、四に妄語、五に飲酒である。小乗の戒律では飲酒が第五の悪とされている。大乗的には飲酒をどう受け取っているか。飲酒の奥に懈《け》怠《たい》、放埒《ほうらつ》があることを発見している。酒席でのセクハラが一番多いと聞くが、それはどんなに社会的地位が高かろうと関係ない。共産党議員のセクハラは、酒を嗜む人間の姿として、それだけで軽蔑に値するということを表わした問題であった。

飲酒とは頽廃の象徴であり、放埒となって人格の喪失へと流れてゆく。そんな飲物がいとも簡単に入手できる自動販売機が、我が国の至る所に設置され野放し状態であっても、飲酒に誘惑されない意志堅固な未成年者が育っているということなのだろうか。

親鸞聖人が一生涯のなかで一番お読みになられたのが「大無量寿経」である。上下二巻になっている。その下巻に三毒段、五悪段があって、その五悪段の五悪目に飲酒者の姿が生々しく具体的に描き出されている。

「第五悪」

仏の言はく、其の五の悪とは、世間の人民徙倚懈惰《しいけだ》にして、肯《あえ》て善を作《な》し身を治め業を修せず。家室《かしつ》・眷属《けんぞく》、飢寒《けかん》・困苦す。父母《ぶも》教誨《きょうげ》すれば目を瞋らし怒り応《こた》う。言《ごん》令《りょう》和ならず、遺戻反逆《いれいはんぎゃく》すること、譬えば怒家の如し。子無きに如かず。取与節無くして衆《みな》共に患い厭《いと》う。恩に背き義に違い、報償の心有ること無し。貧窮困乏して復得ること能わず。辜較縦奪《こかくじゅうだつ》し恣《ほしいまま》に遊散《ゆさん》す。数《しばしば》唐《いたづ》らに得るに串《なら》い、用いて自ら賑給《しんきゅう》す。酒に耽り美を嗜み飲食《おんじき》度無し。心を肆《ほしいまま》にして蕩逸《とういつ》し、魯扈牴突《ろこたいとつ》にして人情を識《し》らず、強いて抑制《おくせい》せんことを欲《ねが》う。人の善有るを見ては憎嫉して之を悪《にく》み、義無く礼無くして顧み難《はばか》る所無し。自ら用いて識当して諫暁《かんぎょう》す可からず。六親眷属の所質の有無、憂《う》念《ねん》すること能わず。父母の恩を惟《おも》わず、師友《しゆ》の義を存せず。心常に悪を念じ、口常に悪を言い、身常に悪を行い、曾て一善無し。先聖諸仏の経法を信ぜず、道を行じて度世を得可きことを信ぜず、死後神明更《かわ》りて生ずることを信ぜず、善を作して善を得、悪を為して悪を得ることを信ぜず。真人《しんにん》を殺し衆僧を闘乱せんと欲い、父母・兄弟・眷属を害せんと欲う。六親憎悪して其をして死せしめんと願う。

　是の如きの世人、心意倶《とも》に然り。愚痴矇昧にして自ら以て智慧とす。生の従来する所、死の趣向する所を知らず、仁《にん》ならず順ならずして天地に悪逆す。而も其の中に於て僥倖を希望《けもう》し、長生《じょうしょう》を欲求《よくぐ》すれども、念《かなら》ず当に死に帰すべし。慈心に教誨し、其をして善を念ぜしめ、生死、善悪の趣、自然に是れ有ることを開示すれども、肯て之を信ぜず。苦心して与《とも》に語れども、其の人に益無し。心中閉塞し意開解《こころかいげ》せず。大命《だいみょう》将に終らんとして悔懼《けく》交《こもごも》至る。予め善を修せず、窮まるに臨みて方《まさ》に悔ゆ。之を後に悔ゆとも将《はた》何ぞ及ばんや。天地の間に五道分明《ふんみょう》なり、恢廓窈窕《かいかくようちょう》、浩々茫々《こうこうもうもう》として、善悪報応し、禍福相承し。身自ら之に当る、誰も代る者無し。数《しゅ》の自然なり。其の所行に応じて殃咎命《おうくみょう》を追いて縦捨を得ること無し。善人は善を行じて楽より楽に入、明《みょう》より明に入る、悪人は悪を行じて苦より苦に入り、冥《みょう》より冥に入る。誰か能く知る者ぞ、独り仏知りたもうのみ。教語開示すれども信用する者は少し。生死休《や》まず、悪道絶えず。是の如きの世人、具《つぶさ》に尽くす可きこと難し。故に自然の三途、無量の苦悩有り。其の中に展転し、世々劫を累ねて出づる期有ること無し、解脱を得難し。痛言う可からず。

口語訳

釈尊は仰言った。——その第五の害悪とは、世間の人が、ぶらぶらと怠けてばかりいて、少しもよいことをせず、生活を調えず、家業に精を出さない。だから家族も妻子も飢えこごえて、貧しさに苦しむ。両親がこれにさとせば、恐ろしい顔で怒った返事をする。言葉も荒々しく、反抗することは仇敵のようである。子どものない方がましな位である。

人から取るにも与えるにも節度がなく、はたの者がみな心配して厭やがる。人から受けた恵みを思わず、道理を弁えず、人に報いる感謝の心もない。そういうことだから当然貧乏になって何も手に入らない。そこで自分だけ得すればいいとして他人を阻み、ほしいままに物を奪い、それを出鱈目に使い果たす。しばしば大いに物が手に入るとそれに慣れて、いい気になって贅沢をする。酒に酔い美味をたしなみ、やたらに飲んだり喰ったりする。気儘勝手に遊びほうけて、愚昧なためにあちらこちらへ突き当り、人の気持も解らない。そして人を抑えつける。

人のよいことをするのを見ては、憎み妬み、これを排斥し、道理も礼儀も無視して傍若無人である。自分の考え丈で事を処してこれでいいのだと思っているから、本当のことを言っていさめることも出来ない。親類や妻子が生活の質を得ているかどうかを心配することもなく、親の恩も思わず、師や友に対する道も知らない。つまり、心に思うことはいつも悪、口にいうことはいつも悪、身に行うことはいつも悪、いまだかつて一つのよいこともしない。

先の世のすぐれた人、また自覚者の教えを本当だとは思わず、道を行ずれば自由に到るとも覚らず、死んでからまた生れ更わった新たな世界のあることを知らず、善をすれば善そのものとなり、悪をすれば悪そのものとなる端的な道理も肯けない。そこからまことの道を行ずる人を殺し、求道の人の集りを乱そうとし、父母・兄弟・家族を傷つけようとする。親類一同、これを憎んで早く死んでくれたらいいと思う。

こういう世間の人は思うこと欲することみなそうである。愚昧な癖に見識があると思っている。どうして生れて来たか、どこへ死んでゆくかを知らず、いつくしみも素直さもなく、天地の道理に背いて悪事を働く。しかもその中で思わぬ幸せの来るのを当にし、長生きしたいと思うが、必ず死んでしまう。これを哀れんで教えさとし、彼に善行を思わしめ、生と死と、善と悪との別れてゆく筋道がおのづからにして決っていることを教えても、肯おうとはしない。心を尽くしてその為に話してきかせても、何の足しにもならない。心は閉されて依怙地になるばかりである。

こういう人も寿命が愈々終ろうとするときになると、後悔と恐れとが交々襲ってくる。予め善をしないでいて終りになってこれを悔いる。こうして後悔しても最早や万事休すである。天地の間に地獄・餓鬼・畜生・人間・天上の五つの境界ははっきりと分れている。広く大きく、遙かに奥深く、果しも極みもないのであるが、しかもそこに厳然として、善因善果、悪因悪果の道理が昧《くら》まされず行われ、福と禍いとが報いとして来る。

自分一人でそれを受けるのであって、誰も代ってくれない。道理の必然である。自分のした悪行に応じて、罰がその人の命を追いかけて来て放しはしてくれない。善い人は善いことをして、楽に次ぐに楽を受け、明るさに次ぐ明るさの境涯である。

誰がこの道理を知っているのか。ただ自覚者のみ独り透徹して知って居られる。これを教えて心を開かせようとしても、その儘うけて行おうとする者は少い。迷妄の絶えるときはなく、悪行の止むときはない。このような世の人がいつ迄いっても絶えない。だから必然的に、貪《むさぼ》りと怒りと無知との苦悩が果てしなく続くのである。そのなかをあちこち引き廻されて、世を重ね長いときを経ても遂に解放される見込はない。免れ出ることは難しく、痛苦はいいようもない。

以上の五つの大いなる害悪、五の痛苦、五の焼苦とする。その苦悩はこのようである。丁度大きな火によって人の身が焼かれるようなことである。

この口語訳の引用文は毎田周一師の全集『大無量寿経研究』からである。前々からこの引文は、私の著書のなかにご紹介したかった。その願いがかない嬉しさでいっぱいである。

この第五の悪は、小乗の不飲酒戒の奥に、無明の酒に酔う懈怠放埒を見出す大乗的な取り組みが語られている。この五悪のなかに出てくる徙倚懈惰というのは、骨折ることは嫌いだが楽はしたいということである。汚い・きつい・危険の３Ｋの根柢は、怠けてよい目にあいたいという頽廃の心があるのである。

つぎに辜較縦奪《こかくじゅうだつ》とあるが、自分だけ得すればいいという、他人を無視し、ほしいままに物を奪い、でたらめに使ってしまうことをいい、また、魯扈牴突《ろこったいとつ》というのは、飲酒に耽り、あちこちへ突き当り、人の嫌がることを言ったりする。それらの状態を経に曰く「心常念悪、口常言悪、身常行悪、曾無一善」と。つまり仏法に合っていないので、平気で仏法をけなし、家族・社会に害をなすので、父母・兄弟・姉妹・眷属一同から憎まれ、死んでくれたらいいのにと思われる。このように世間の人の思うこともみな同じである。

戦後、日本人の心のなかに、怠けてよい目に合いたいという、ずるがしこい心が滲透していった。仏法でいう一番危険な悪である。飲酒は「無明のさけにえいふして、貪欲・瞋恚・愚痴の三毒をのみ、このみしおうてそうらいつる」である。そのゆえ飲酒とは無信の姿であり、人格喪失でもあるので、僥倖心をあおるばかり。経済不振なので街を湿すため賭博施設の誘致が話題になる。そこまで第五悪は蔓延していると言ってよい。

わが家の手伝いを子どもに頼むと、いくらくれるかと要求する。ただでは働かぬというのは徙倚懈惰からきている。それが現代人のあたり前の生き方でもあり、恥ということが不明になった時代でもある。最悪の社会状況である。家が亡び、国が亡ぶ道を急いでいるようである。

例えば、パチンコを知らない私は、昔のチンギャラギャラの感覚で、サラリーマンのストレス解消には恰好の遊戯ぐらいに思っていたが、パチンコの虜になり、借金がかさみ離婚をしたという話を聞いた。今のパチンコ業界の進歩は著しく、全く大賭博と同じだといっている。

骨を折らず、懈怠な心は募るばかりで、日中から賭博に気を奪われるのは、頽廃の心が社会に蔓延しているのだと言ったら、お前は時代が違うということを知らぬのかと笑われるだけだろうか。お前は世間知らずだと笑われるだけだろうか。

戒を作らず

看護師が看護を忘れ、同僚の夫や母を殺したり、中・高生が友だちをいじめ、少年が幼児にいたずら、若い夫婦が金銭トラブルから親や子を殺害するという、福岡県内はさまざまな犯罪があまりに多いようである。

県内の自然には歴史的な山脈や山も多く、紫川、遠賀川、筑後川、矢部川と水系にも恵まれ、緑も多く、農水産物の食材は口福の食卓を飾っている。教育面では大学校数も多く、福祉施設の数は全国的に上位であろう。治安が乱れ街も歩けないというわけでもないのに、生命軽視の犯罪が多いのはなぜだろうか。宗教心の低いことと深い関わりがあるのだろうか。宗教といっても除災招福の宗教ではなく、正しい宗教のことを言っているのである。自己とは何か。「汝自当知」という、このことが後廻しになっている。自分自身は自明のこととしている。このこと一つを徹底的に明らかにすることが、人と生まれて急がねばならぬ一番大事なことではなかろうか。

宗教書を読んだり、講話を聞いても、自分に都合がよいような読み方、聞き方をする。自分には悪いところはないという前提で読んだり、聞いたりしても、それは自己へ向けるより、他へ向かって批判・批評することが多くなって、自己が徹底的にえぐり出されることにはならない。宗教にふれるということは、必ず人との出会いがある。よき人、師匠を通すことなくしては、自我は打ち砕かれない。打ち砕かれることなくして、宗教を論じるものではない。跪く体験もなく、謙虚さがない、つまり宗教体験なくして、どこまでわかって話すのだろう。宗教心がないと言ったのはそういうことである。自我が打ち砕かれるとは、明日があると思うのではなく、今日を本当に生き切ることである。明日の自己の生を想像して今日の自己の生と比較して、うろうろと腰の浮いた迷いの自己が破られ、今この生より外に我が生はないと気づくことである。

「仏法には明日ということ、これなく候」(蓮如)

今に生きよである。外ばかりきょろきょろと気にしながら宝を探していたが、自らの内にその宝はあった。何が尊いと言っても生命ほど尊いものはない。その宝が我が内にあるのだ。それに気づき味わうと、明日を思い患うことはなかったのである。そうして一日一日を生き切っていくのである。

朝日新聞の「天声人語」の記事も、随分昔のことだから記憶も薄れているが、興味をひいたので覚えている。こんな内容であった。

日本全土を北海道、東北、関東、東海、北陸、近畿、中国、四国、九州、沖縄のブロックに分け、豊かさの順位をつけると、関東が一位で、最下位が東北だったと思う。無責任な言い方で申し訳ないのだが、九州は確か上位の方だった。ところが生活の満足度のアンケートの結果は、一位が北陸、二位が東海、東北は上位で九州は下位であった。冬の長い、厳しい地方が満足度が高いのはなぜだろうと問いかけていた。

また、上位の方は熱心な真宗門徒の多い地方であることがわかったとも書かれていた。念仏と関係があるのかということは、日本のこれからの課題であろうと結んでいた。

二十年も前の記事だし、今日ではかなりの変化が出ているのではないかと思っていたら、残念ながら図星であった。貧しくとも生かされ、支えられて生きていることに我が身を幸せものと喜んでいた信心厚き北陸にも、産業開発の影響が波及して、かつての真宗王国に難問が生じている。そのことを能登の一住職が「週刊新潮」（二〇〇三年八月七日号、新潮社）に語っている。

「能登は真宗中興の祖蓮如上人が京を追われて再起を図った地でもあり、門徒数は多い。しかも北前船の寄港地で栄えていたこともあり、御依頼額（本山懇志金）は高くなっています。でも、それはかつての話。現在は過疎化が進む一方で住民はお年寄りばかりです。僅かな年金からなけなしのお金を捻出して来る門徒の方々に、もっと出せと言えますか」

この談話は住職の本音であろう。長い歴史のなかで信心に燃えた北陸地方も、あの「天声人語」から二十年近く経った今日では、急激な環境の変化に人間関係も弱体化していた。こんな悲哀の声を聞くとは意外であった。

しかし、それは北国の人たちの過疎化に対する積極的な取り組みの宣言かも知れない。私はそう受け取りたいのである。

九州の場合は生活は恵まれているのに満足度が低い、不平不満が多いとは、報恩謝徳の宗教心が薄れている証拠かも知れない。九州の至るところでも、住民は年寄りばかりという集落が増えるのではないかと懸念されており、北陸の能登の問題は他人事ではない。物を受くる心の浅いだけに、問題は一層深刻かも知れない。


私が日本の公立学校において宗教教育の必要性を問うのは、子どもに生死の問題を問いかける時期を失うと、生のみを追求して人生を甘く見てしまうのではないかと思うからである。

清沢満之《きよざわまんし》という明治の偉人は、四十一歳の若さで肺結核で生涯を閉じた。「生のみが我等にあらず、死も亦吾等なり、生死を併有するものなり」と言って、今に生きよと、あるがままに、そして怖れなく、悠々と生きられたのである。

青少年の犯罪に対する刑が軽いので重くせよとか、大人の犯罪者にもまだまだ刑が軽い、だから犯罪を甘くみるので増加を辿るばかりだと悲歎の声が多い。しかし、重くしたからといって犯罪は減少するものだろうか。勿論この異常は放っておけるものでない。『歎異抄』の結文には「煩悩具足の凡夫、火宅無常の世界は、よろづのこと、みなもてそらごと、たはごとまことあることなし」とあり、人の本質はみな狂っている存在だと言っておられる。だが、人は人を殺そうと思って殺すことのできるものではない。「さるべき業縁の催せば如何なるふるまひをもすべし」と親鸞の言われるように、業縁がなければ、どんな殺意があっても行為とはならないであろう。

テレビや新聞の報道を観て他人事と思ってはならない。世界全体の動きは、全人類が物欲に狂い闘争に走り、犯罪の起りやすい環境を作っている。それは世界の動きそのものが、犯罪を起こす気を催しやすい業縁に満ち溢れているということになる。自己と犯罪とは無関係と、他人事にしてはいけない。犯罪の可能性の業縁の増加とは一体何なのかと、一人ひとりが勉学と対話を通し、「己よければ、すべてよし」のわがままな思い上がりの生活から、謙虚への日常生活へと転嫁してゆくことを切に望むものである。

阿闍世

「観無量寿経」のなかの物語である。インドのマガダ国の王舎城に悲劇が起きた。父王頻婆沙羅《ビンバシャラ》を殺すという重罪を犯し、母をも幽閉したのは、その子、阿闍世《アジャセ》である。その阿闍世のことを「性は弊悪《へいあく》にして喜んで殺戮《さつりく》を行ず」とある。まさしく、今日の世界の有力国が核兵器を生産し、保有し、誇示しているのは、「性は弊悪にして喜んで殺戮を行ず」そのものではないか。

阿闍世太子は、未生怨《みしょうおん》とも言う。父頻婆沙羅《ビンバシャラ》王が韋提希《イダイケ》夫人との間に子なきことを憂い、占師にみてもらうと、ある山に、あなたの子となって生れるべき仙人がいると知らされ、いまだ命尽きないのに、占術に迷った王は家来をして殺さしめた。その仙人の恨みが太子となって生まれて、成長して父王の怨敵となったという。だからいまだ生まれる前から怨みを持って生まれて来たと言うのである。

太子は十七歳のとき、釈尊の従兄の提婆達多《ダイバタツタ》に唆されて父王を殺し、自分が王位についたというのであるが、自分の子を想う心を通して、自分の親も自分に対してこのようであっただろうと父母の慈愛に眼が醒めてくると、心に悔熱《げねつ》が生じてきたのである。自らの行為を悔いるのである。これは容易ならぬことである。太子はついに自分の身を責めることで、身体が不調になっていった。この痛烈な悔熱からくる心身の不調をいかにして治癒してゆくのか。

善友耆婆《キバ》は大臣であり名医である。この耆婆が阿闍世を慰問して、まず問うた。「いずくんぞ眠ることを得んや」。どうして眠れましょう、あなたの眠れないお気持ちは私にはよくわかりますと言った。

安眠ができたかどうかと他人事として聞いたのでなく、あなたの眠れないのはよくわかっていると阿闍世と一体になっている。阿闍世を認めている。阿闍世の悔恨・罪業の悲鳴を、「そうだ、そうだ」とうなずき聞いている立場をとっている。

当の阿闍世は汚穢の自己の全身を耆婆の前に投げ出している。すると耆婆は答えて言った。「善い哉、善い哉」と、あの重罪を犯した太子を讃歎している。「王罪を作ると雖《いえど》も、心に重悔を生じて慚愧《ざんき》を懐けり」と言っている。

耆婆は阿闍世において人間の真実を直視して、太子と一体となって、人間の究極の道に共々跪けるとは、同時讃歎しているのである。讃歎とは、心に重悔を生じて、慚愧を懐けるという この悲痛を讃歎しているのである。この悲痛こそ尊いのである。耆婆は讃歎せずにはいられなかった。

死の淵に立つ阿闍世の心の病を治せんがため、六人の大臣がつぎからつぎへと仏教以外の宗教思想を説いている。いわゆる六師外道の勧めである。その六人に対して阿闍世はみな同じように答えている。「審《つまび》らかに是の師の能く我が罪を除く有らば、我れ当に帰依すべし」である。六人は阿闍世を苦悩から解脱させることはできなかった。遂に阿闍世を動かすことはできなかったのである。六師外道の説は、衆生の説であり、世間の説であって、相対を超えた絶対なる世界、出世間の道ではなかった。それが駄目といっているのではない。学ぶことにおいて聞くべきであろう。

阿闍世の現状は「心悔熱するが故に、徧体に瘡を生ず」である。心より生じた病は、身に薬を塗っても癒《なお》らない。心を癒さねばならないが、心を癒すことは我々の手に負えぬことである。しかし、その苦しみも果報の前の前段階であって、決して無駄にならぬと読みとっている。この心の病は仏陀によるほか治癒されるべき道はないと耆婆は悟っていた。「地獄の果報将《まさ》に近づきて遠からざらんとす」。絶望と死の淵におののいている阿闍世に向かって釈尊を勧めるのである。

しかし、阿闍世はなかなか動こうとはしなかった。この動こうとしなかった阿闍世の心の苦渋が、人間の絶望と、死の淵に立つことの重要性を物語っていることが、ひしひしと迫ってくる言葉がある。耆婆の長い勧めの言葉の最後、「冷薬を以て塗り瘡を治癒すと雖《いえど》も、瘡熱も毒熱し、但増《ただま》せども損ずること無し」とは、衆生の手に負えぬので、釈尊の治癒によるほかはないという、ぎりぎりのところに来ていると言うのであるが、まだ耆婆の勧める言葉だけでは阿闍世は動かぬのである。釈尊と聞いただけで身がすくんでしまうのである。耆婆の釈尊への勧めと、さらなる善巧方便《ぜんぎょうほうべん》が阿闍世には必要であったのである。

善巧方便とは、如来が衆生を救うため、如来は親となり子となり、あるいは夫となり妻となり、友だちとなり、善人となり、悪人となり、生きて見せ、また死んで見せるなど、あの手この手で働きかけてくださるお手廻しの姿のことである。

やがて阿闍世は殺した父の勧める声を聞く。「仏世尊を除きては、能く救うこと無けん」。五逆の罪の深さの身であることの決定打である。つぎの善巧方便は、釈尊の「阿闍世のために涅槃に入らず」である。阿闍世を救うまでは死ぬことができないということである。これはまたは阿闍世のために月愛三昧《がつあいざんまい》に入りたもうということである。これは永遠の慈悲ということであり、一切衆生を愛楽する光である。貪欲、瞋恚、愚痴の三毒の煩悩に荒れ狂っているものに注がれる月愛三昧。その永遠の慈悲から放たれた光、それは清涼光であり、それは煩悩を鎮める優しい光である。この清々しく、この優しい光の意味するものは、己れの浅ましい姿に悔恨と慚愧が交錯するなかで、もはや絶望というとき、耳もとで囁く優しい声、必ず救うという如来の本願である。

これらの父の空中の声、または月愛三昧の光なくしては耆婆の勧めも成就しないことになる。ここまで導いて来てこそ、仏陀の説法を受け入れられる素地ができてゆくのである。阿闍世は釈尊に会うために象に乗ったが、身震いがするので、後ろから耆婆にしっかりと抱かれつつ、クシナガラ沙羅双樹へと向かった。如来の会座へ刻々と進んでいる。今さら後戻りもできず釈尊の前へと歩みよると、阿闍世を待っておられた釈尊は、王に向かって「大王」と呼ばれたが、誰か外に大王と呼ばれる人がいるだろうかと、うろうろ、きょろきょろしている。この逆悪非道の私が「大王」と呼ばれようとは思ってもみなかったという、清浄淡白な心の阿闍世をそこにみるのである。再び「阿闍世大王、大王とはあなたのことですよ」と言われたので、この瞬間、仏陀との決定的出会いがあり、阿闍世は坐を正し、襟を正し、ひたすら説法に耳を傾けていくことになる。

重罪を犯した加害者の男が奈落の底で絶望にうちひしがれているその状態から、起死回生せしめんとして、釈尊は涅槃に入るのを待って、全力投球の説法が始まる。阿闍世を責めるのでもなく、咎めるのでもなく、阿闍世のために諄々と説かれるのである。人間の生活は「狂惑」そのものであるから「我れ終に是の人戒を犯せりと記せず」と、ありのままの人間の姿を見ておられる釈尊は、「是の人の所作三悪道に至らず」と、改めて地獄・餓鬼・畜生道へゆくのでなく、人間の居る所、現実の生活そのものが三悪道ではないか、それ以外のどこへゆくのか、狂惑な凡夫のふさわしいここそはその場所ではないかと言われた。

こうして阿闍世の罪を取り除くことの難しさを通して、一切は赦されてあるという、釈尊の赦しの説法は深まっていく。その内容については、親鸞聖人の「教行信証《きょうぎょうしんしょう》」の信巻末に、「涅槃経」の「現病品」、「梵行品」、「迦葉品」からの引用文によって「阿闍世の入信」が語られているので、拝読をおすすめする。ここでは省略することにする。


今まで述べてきた阿闍世とは誰のことだろう。教典のなかの一人物として見るか、自らを阿闍世として見出せるかということに、救いの鍵はあると思う。

阿闍世は旧悪を懺悔し、仏に帰依し、仏弟子に奉持し、仏法興隆に力を尽されたのである。

福岡県のあまりの犯罪の増加のなかで、まずなすべ

きことは、多発する事件を他人事と見るのでなく、一つ一つを自己内奥の問題として発見してゆくことである。そのとき、阿闍世のごとく襟を正し、仏説を聞かざるをえない人間へと転じてゆくものである。

女性と仏教

韋提希夫人

釈尊の冥想せられていた耆闍崛山《ぎしゃくつせん》から、王舎城の全体が見下ろされていた。その王舎城で悲劇が起きた。

阿闍世太子は父王を幽閉して死に至らしめた。父王を救わんとした母を「我母是賊」と叫び殺害しようとするが、二人の大臣に制され母を幽閉する。韋提希夫人は獄中にあって釈尊を見奉り、身を飾っていた瓔珞《ようらく》を絶ち五体投地して、号泣して仏に向かい申したのである。「私はどうして何の罪があって、親に逆らうこの悪子を生んだのでしょうか」と絶望の底から叫んだのだ。釈尊の聖なる沈黙が続く。苦しみが全てとなった韋提希夫人には、比較する何も見えなかった。そこには比較の世界を超えた絶対者の釈尊のほかはなかった。ややしばらくして夫人は「憂悩無き処を説きたまえ、我れ当に往生すべし」と願った。

それはこの社会を改良改善してくださいと釈尊に願うのでなく、世とともに世を超える、釈尊の説かれる浄土へ住みたいと願い、ただ懺悔するほかなかった。韋提希夫人は、釈尊の説法により、ついに浄土を観るのである。

韋提希夫人とは、いったいなに人なのだろう。それは凡夫である。凡夫とは、私自身ではないか。

男は女をけなし、体《てい》のいい顔して自分を誇張する。女は男をけなし、体のいい顔して自分を誇張する。お互いさまだ。お互い泥凡夫であったのだ。ただの泥凡夫は韋提希夫人とどこが違うと言うのだろう。彼女と同じく助かってゆくほかに、私の助かりようはないのだ。

「観無量寿経」は、まさしく私の救済の書なのである。

女性と仏教

年一回の学友会が岐阜地方であるので、出席を申し込んでいると、平成十五年四月十五日から五月二十五日まで、奈良国立博物館で特別展「女性と仏教──いのりとほほえみ」が開催されていることを知った。幸い学友会が五月二十二日から二十四日までなので、帰途京都に一泊して、翌日奈良へ赴いた。最終日の二十五日は好天に恵まれ、初夏のすがすがしい奈良の大路を久し振り歩いた。

館内に入ると、まず目に飛び込んで来たのが、左手をあげ印を結ぶ、奈良薬師寺東院堂安置の観世音菩薩立像（鍍金像、高一八八・九センチ、奈良時代、八世紀）と、粟原寺（桜井市の山中にあった寺）三重塔伏鉢（鍍金、高三五・一センチ、底径七六・四センチ、奈良時代、和銅八年）であった。伏鉢とは塔の上に奉安された相輪の一部である。伏鉢の銘文から察するに、この塔は比売《ひめ》朝臣《あそん》額田《ぬかた》という女性が二十二年を費やして造営を続けた寺ということができる。

午後一時ごろに入館した私は、京都市在住の大学生の孫を同行していたので安心して拝観した。館を出たときには午後三時半を廻っていた。


陳列のなかに、奈良中宮寺蔵「天寿国繍帳《てんじゆこくしゆうちよう》」（絹刺繍、縦八八・八センチ、横八二・七センチ、飛鳥時代、七世紀）があった。この刺繍の作品は、孫が中学に入学した春休み、法隆寺に参拝した折り、中宮寺にも参拝し、本堂で「天寿国繍帳」の複製を拝観したのを憶えていて、本物に出会った感動を語ってくれた。

この繍帳には、当初四百字に及ぶ銘文があった。その銘文のなかに有名な「世間虚仮唯仏是真」があったのである。その全文を収録した「上宮聖徳法王帝説」が岩波書店から戦前に出版されているので、二十年前に東京の岩波書店へ問い合わせると、一通の葉書をいただいた。返事は、絶版で在庫がないので、神田の古本屋に出向かれてはどうですか、という内容だった。九州在住の私はついに足が向かなかった。

この繍帳は、妃の橘大郎女《たちばなのおおいらつめ》が太子往生の天寿国のありさまと、太子の繰言の「世間虚仮唯仏是真」を含む四百字に及ぶ銘文を、推古帝の勅許を得て、宮中の采女らに製作させたものと伝えられている。

仏教伝来当初の聖徳太子時代は男女共々の在家仏教であった。それがいつしか女性が仏教の表舞台で活躍することになる。『日本書紀』によると、二十二巻に「汝が姨、嶋女、初めて出家して、諸の尼の導者として、釈経を修行せしむ」とある。嶋女は鞍作鳥《くらつくりのとり》の叔母にあたる。『日本書紀』では十一歳の出家となっており、日本人で最初の出家者は女性であったという。その女性が嶋女、法名は善信尼《ぜんしんに》である。出家の女性といっても貴族やそれに近い人々で、貧しい女性とは縁遠いものであったろう。

仏教勢力に抵抗していた物部守屋《もののべのもりや》は、役人を遣わして善信の弟子禅蔵尼《ぜんぞうに》と恵善尼《えぜんに》の法衣を奪い鞭で打ち痛めたが、それらの反抗にも属せず、善信尼は弟子たちと桜井寺に住んでいたという。

このころの来訪者、百済の使者たちは、「この国にはただ尼寺ありて、法師寺および僧なし」といっている。仏教を受け入れた当時は尼寺と尼しかいなかったというのだ。

ところが、推古帝三十二年（六二四）には、状況が急変している。『日本書紀』には「是の時に当りて寺四十六所、僧八百十六人、尼五百六十九人、并せて一千三百八十五人有り」と書かれている。僧の数が尼を上廻ってきたというのである。しかし寺の半数はまだ尼寺が占めていたといわれている。また奈良から平安の初めのころは、宮廷の女性たちが仏教興隆の牽引者になっていたのも事実である。

奈良時代と女性の仏教の関係を考えるとき、橘三千代、光明皇后、称徳天皇（孝謙天皇）の三代女性の活躍には目をみはるものがある。三代女性とは祖母・娘・孫の関係であり、橘三千代は藤原不比等《ふじわらのふひと》と再婚し光明皇后を生み、興福寺内に施薬院、悲田院を設置した。その事業を光明皇后は引き継ぎ、治療施設や老人ホームの発展に尽力している。

「東大寺縁起絵巻」（奈良東大寺蔵、室町時代）下巻の第四段の光明皇后の逸話を挟む詞書によると、光明皇后は慈悲深く、浴室を作って癩病者を毎月六度入れ、自ら湯室に出て澡浴されたと書いてあり、絵には皇后が湯室で手づから癩病者の背を流す姿が描かれているのを目のあたりにすることができた。当時のトップレディの姿である。

東大寺と国分寺の創建に力も入れている。娘の称徳天皇は西大寺を創建し、尼寺の西隆寺も建立している。

　これらの女帝を中心に、宮廷の女性による教典の書写が盛んであった。その写経の納経をする法要がまた盛んに行われていた。

　平安時代になると、ますます納経は盛んになってゆく。法成寺無量寺院に納められた「一品経」は、すでに装飾されていた。何巻かの「一品経」は、時代時代の女性たちによって、美麗を極めて作られていた。平安時代も末期になると出家した女性や、皇后や、民衆の女性が関わっていた。そのなかの一つに「平家納経」（平安時代、一一六四）がある。三十三巻のうちの一巻、法華経「提婆達多品」の装飾絵巻（平安時代、久能寺納経、鉄舟寺蔵）が展示されていた。その絵巻には、龍女成仏が描かれていた。

　龍王には八歳になる龍女がいた。娘は完全な「さとり」を悟る能力をそなえていたという。その龍女は「われは大乗の教をひらきて苦の衆生をすくわん」と言ったので、釈尊の弟子である舎利弗は「龍女よ、そなたがさとりをひらくための測り知れない力を持っているとしても、完全なる『さとり』は本当に達成し難い。なぜかと言えば、女の身には今日に至るまで、男と違って五障がある。五障とは、第一は梵天の地位、第二は帝釈天の地位、第三は四大王の地位、第四は転輪聖王の地位、第五はひるむことのない求道者の地位を得ることはできないからである」、そのままでは往生できない、成仏できない、と。すると龍女は無価の宝珠を持っていたので五体投地して世尊に献上した。世尊は彼女の心根をめでて、それを嘉納された。

そのとき、龍女は世間のすべての人々が見ているところで、あっという間に変じて男子と成った。彼女の女性の性器が消えて、男子の性器が生じ、自ら求道者となったとも書いてある（岩波文庫『法華経』による）。この経には「変成男子」、「転女成仏」の女人成仏の物語が具体的に書かれている。それらの言葉が我が国では、いつごろから人々の口吻することとなったのだろうか。

「女性と仏教」の展覧会資料によると、五障の初見は、元慶七年（八八三）の式部大夫藤原朝臣室の「逆修願文」である。「龍女」、「龍女成仏」の初見は天暦（九四七）左大臣藤原実朝の娘述子の追善願文である。「転女成仏経」が女性の追善のために書写された初見例は、元慶八（八八四）年に藤原高経が亡母の周忌追福のために書写したものである。

「法華経の信仰と女性」のコーナーでは、更に「法華経」の「薬王品」（平家納経、平安時代、広島神社蔵）が展示されていた。拝覧すると、その「薬王品」にも女人成仏が説かれていた。

こうみると女性に対する差別観が登場したのは九世紀後半である（平雅行「密教仏教と

女性」）。

このころから尼寺が衰退していくことになる。

平安時代は源信僧都の出世によって浄土信仰も高まり、「観無量寿経」も多くの人の読誦することとなり、「観無量寿経変相図」、いわゆる「当麻曼荼羅《たいままんだら》」はあまりに有名であるが、そこに母と子のイメージが描かれている。女性との関係が深い作品である。

この時代の『日本霊異記』や『日本往生極楽記』、『続本朝往生伝』には多くの女性が登場している。貴族でも豪族でも民衆でも、男と女は同じように、仏教を信じようが、信じまいが、男女は対等に扱われ、女性は女性として往生を遂げている。納経には「転女往生」とか「変成男子」の願文はあるが、まだ建前であった。女性は乳飲み子を抱き、働きながら母親としてしなやかさを持ち続け、または家事を放棄して信仰に没頭した女性もいたようである。

そうした時代は、「五障」、「三従」の文言は女性を低く見るものではなかった。民衆の女性たちは、鎌倉時代になっても「五障」や「変成男子」をほとんど意識していなかったという（野村育世「鎌倉時代の古文書に見る女性の仏教認識・心性」）。

当時は「男子」は具体的な誰かを指すのではない。成仏可能者の象徴表現に過ぎなかった。しかし「変成男子成仏」説が女性の侮蔑であることはいうまでもない。

鎌倉時代は政治も仏教も大変革の時代である。「五障」、「変成男子」を意識しなかったこの時代、変革のなかで女人を「不浄なり」と差別と侮蔑の対象として遠ざけていく出家者や民衆も次第に多くなっていたであろう。

それでは法然、親鸞、日蓮は女性をどう受け止めていたか。

はじめに法然（一一三三―一二一二年）と女性について学びたい。法然は浄土往生は念仏しかないと言っている。「念仏為本」である。阿弥陀仏の救済は男女老若を問わずと言い、女人往生は肯定しても積極的に説いてはいない。しかし法然の周りには、身分を問わず多くの女性が念仏を唱え、集まっていた。その女性たちの、現世の救済に生きた喜びの姿を証明する二つの絵伝がある。その一つの「法然上人絵伝」（鎌倉時代、一四世紀、京都知恩院蔵）第六、十八、三十四巻が展示されていた。第三十四巻第五段には、法然上人流罪に処せられる途中の室泊での舟のなかの遊女たちの教化について記し、その有様が絵にも描かれていた。また「傳法絵流通」（福岡善導寺蔵）にも多くの女性の教化の姿が描かれている。

日蓮（一二二二―八二年）と女性については、法華経だけを真実の仏法として「立正安国論」を書いている。また伊豆、佐渡への流罪の後は、晩年身延山《みのぶさん》に移り住むと各地より、いろいろな品物が送り届けられたという。日蓮が身延山で書いた手紙の大部分が届け物への礼状であった。なかでも女性からの贈り物のお礼状には、女性の賞讃から、励まし、いたわり、感謝の思いと、その内容には心ひかれるものがうかがい知らされるのである。

最後に親鸞（一一七三―一二六二年）になったが、法然上人の弟子であり、「それ真実の教をあかさば、すなはち『大無量寿経』これなり」と言った人である。

師自ら妻帯はしていないが、親鸞は多くの弟子のなか唯一妻帯を許された弟子である。そして妻との間には幾人かの御子にも恵まれた。

法然の道場の吉水《よしみず》の禅室には、男女貴賤を問わず多くの人が参詣していた。そのなかに天皇ご寵愛の松虫・鈴虫という女官がいた。その女官の出家が引き金となり、承元の法難という大事件へと発展していった。親鸞は師法然と共に罪科を問われないまま流罪という重罪を科せられた。

許された後、親鸞は自らを愚禿鸞《ぐとくらん》と名のり、非僧非俗の生活を生涯まっとうされるのである。定住のない身で七十代から著作に没頭された。その著作の和讃のなかから、女性と仏教について学ぶことにする。「大無量寿経」を讃歎された和讃のなかから「変成男子」と「女人成仏」について書いてみよう。

その「大無量寿経」を略して「大経」という。大経を読むとは、自己を読むのである。

自己を見るのである。つまり自己自身を明らかにするものこそ、大経である。大経とは念仏の書である。自己自身を明らかにするとは、私は私として立ち上がることである。私が私として生きることである。念仏とは自己自身を見出し、自己自身として生きることである。その大経の意を、和讃にされた二十二首のなかから、つぎの九種の関係について述べてみたい。

「浄土和讃大経意」
一、至心信楽欲生と
十方諸有をすすめてぞ
不思議の誓願あらはして
真実報土の因とする

二、真実信心うるひとは
すなはち定聚のかずにいる
不退のくらゐにいりぬれば
かならず滅度にいたらしむ

三、弥陀の大悲ふかければ
仏智の不思議をあらはして
変成男子の願をたて
女人成仏ちかひたり

四、至心発願欲生も
十方衆生を方便し
衆善の仮門ひらきてぞ
現其人前と願じける

五、臨終現前の願により
釈迦は諸善をことごとく
観経一部にあらはして
定散諸機をすすめけり

六、諸善万行ことごとく

至心発願せるゆへに
往生浄土の方便の
善とならぬはなかりけり

七、至心廻向欲生と
十方衆生を方便し
名号の真門ひろきてぞ
不果遂者と願じける

八、果遂の願によりてこそ
釈迦は善本徳本を
弥陀経にあらはして
一乗の機をすすめける

九、定散自力の称名は
果遂のちかひに帰してこそ

おしへざれども自然に
　真如の門に転入する

一～三首は十八願、「設我得仏、十方衆生、至心信楽、欲生我国、乃至十念。若不生者、不取正覚。唯除五逆　誹謗正法」に、四～六首は十九願、「設我得仏、十方衆生、発菩提心、修諸功徳、至心発願、欲生我国。臨寿終時、仮令不与大修囲繞　現其人前者、不取正覚」に、七～九首は二十願、「設我得仏、十方衆生、聞我名号、係念我国、植諸徳本、至心回向、欲生我国、不果遂者、不取正覚」に、各々三首を作り配当されている。ところが十八願の一～三の三首の和讃の組み合せに、ただならぬ関係があることに気づくのである。十八願をうたわれた一、二首目のつぎに、変成男子の願といわれた三十五願が三首目として直結せしめられている。むしろその一部であり、十八願から切り離すことのできない、必然的な関係に三十五願はあると見られたのである。

今日の真宗寺院のなかには、女性の葬式で第三十五願の和讃「弥陀の大悲ふかければ仏智の不思議をあらはして　変成男子の願をたて　女人成仏ちかひたり」は女性差別の和讃として読誦しないという。しかし、この一願を抹殺するのは四十八願全部を否定することになるのではなかろうか。

「女性と仏教」のなかでも「親鸞」のところで、十八願、十九願、二十願、三十五願が出てきたので、その出処を知るため四十八願の原文を掲載したい。

ある国の国王が世自在王仏という自覚者の真理を説かれるのを聞き、心が歓びに溢れたので、直ちにこの上もない真実の道に生きようと心が開発《かいほつ》した。国を捨て、王位を捨てて進んで一人の出家者となり、自らを法蔵と名のられた。才能は群を抜いておられ、勇気があり、すばらしい知性の持ち主で他の追随を許さない。自覚者世自在王仏のみもとに詣でて、その世自在王仏の足下に頭を地につけて礼拝し、つぎに立たれると世自在王仏を右から三度巡ると再びその前に身を投じて合掌して頌（詩）でもって世自在王仏を讃歎されたのである。

師と厳しい問答の後、法蔵が菩薩の道を行ぜられるとき、四十八通りの願を発して一々の願に言われたのである。

設我得仏《せつがとくぶつ》、国有地獄餓鬼畜生者《こくうじごくがきちくしょうしゃ》、不取正覚《ふしゅしょうがく》。

一　たとい我《われ》、仏を得んに、国に地獄《じごく》・餓鬼《がき》・畜生《ちくしょう》あらば、正覚《しょうがく》を取らじ。

設我得仏《せつがとくぶつ》、国中人天《こくちゅにんでん》、寿終之終《じゅじゅしご》、復更三悪道者《ぶきょうさんまくどうしゃ》、不取正覚《ふしゅしょうがく》。

二　たとい我、仏を得んに、国の中の人天、寿《いのち》終りての後《のち》、また三悪道に更《かえ》らば、正覚を取らじ。

設我得仏《せつがとくぶつ》、国中人天《こくちゅにんでん》、不悉真金色者《ふしつしんこんじきしゃ》、不取正覚《ふしゅしょうがく》。

三　たとい我、仏を得んに、国の中の人天、ことごとく真金色《しんこんじき》ならずんば、正覚を取らじ。

設我得仏《せつがとくぶつ》、国中人天《こくちゅにんでん》、形色不同《ぎょうしきふどう》、有好醜者《うこうしゅうしゃ》、不取正覚《ふしゅしょうがく》。

四　たとい我、仏を得んに、国の中の人天、形色《ぎょうしき》不同にして、好醜《こうしゅう》あらば、正覚を取らじ。

設我得仏《せつがとくぶつ》、国中人天《こくちゅにんでん》、不識宿命《ふしきしゅくみょう》、下至不知百千億那由他《げしふちひゃくせんおくなゆた》諸劫事者《しょこうじしゃ》、不取正覚《ふしゅしょうがく》。

五　たとい我《われ》、仏を得んに、国の中の人天、宿命《しゅくみょう》を識《し》らず、下《しも》、百千億那由他《なゆた》の諸《しょ》劫《こう》の事《じ》を知らざるに至らば、正覚を取らじ。

設我得仏《せつがとくぶつ》、国中人天《こくちゆにんでん》、不得天眼《ふとくてんげん》、下至不見百千億那由他《げしふけんひやくせんおくなゆた》　諸仏国者《しよぶつこくしや》、不取正覚《ふしゆしようがく》。

六　たとい我、仏を得んに、国の中の人天、天眼《てんげん》を得ずして、下《しも》、百千億那由他《なゆた》の諸仏の国を見ざるに至らば、正覚を取らじ。

設我得仏《せつがとくぶつ》、国中人天《こくちゆにんでん》、不得天耳《ふとくてんに》、下至聞百千億那由他《げしもんひやくせんおくなゆた》　諸仏諸説《しよぶつしよせつ》、不悉受持者《ふしつじゆじしや》、不《ふ》取正覚《しゆしようがく》。

七　たとい我、仏を得んに、国の中の人天、天耳《てんに》を得ずして、下《しも》、百千億那由他《なゆた》の諸仏の所説を聞きて、ことごとく受持せざるに至らば、正覚を取らじ。

設我得仏《せつがとくぶつ》、国中人天《こくちゆにんでん》、不得見他心智《ふとくけんたしんち》、下至不知百千億那由他《げしふちひやくせんおくなゆた》　諸仏国中《しよぶつこくちゆ》、衆生心念《しゆじようしんねん》者《しや》、不取正覚《ふしゆしようがく》。

八　たとい我、仏を得んに、国の中の人天、他心を見る智《ち》を得ずして、下《しも》、百千億那由他《なゆた》の諸仏の国の中の衆生の心念を知らざるに至らば、正覚を取らじ。

設我得仏《せつがとくぶつ》、国中人天《こくちゆにんでん》、不得神足《ふとくじんそく》、於一念頃《おいちねんきよう》、下至不能超過百千億那由他《げしふのうちようかひやくせんおくなゆた》　諸仏国者《しよぶつこくしや》、不取正覚《ふしゆしようがく》。

九　たとい我、仏を得んに、国の中の人天、神足《じんそく》を得ずして、一念の頃《あいだ》において、下《しも》、百千億那由他《なゆた》の諸仏の国を超過《ちようか》すること能《あた》わざるに至らば、正覚を取らじ。

設我得仏《せつがとくぶつ》、国中人天《こくちゆにんでん》、若起想念《にやくきそうねん》、貪計身者《とんげしんしや》、不取正覚《ふしゆしようがく》。

一〇　たとい我《われ》、仏を得んに、国の中の人天、もし想念《そうねん》を起こして、身を貪計《とんげ》せば、正覚を取らじ。

設我得仏《せつがとくぶつ》、国中人天《こくちゆにんでん》、不住定聚《ふじゆじようじゆ》　必至滅度者《ひつしめつどしや》、不取正覚《ふしゆしようがく》。

一一　たとい我、仏を得んに、国の中の人天、定聚《じようじゆ》に住し必ず滅度《めつど》に至らずんば、正覚を取らじ。

設我得仏《せつがとくぶつ》、光明有能限量《こうみよううのうげんりよう》、下至不照百千億那由他《げしふしようひやくせんおくなゆた》　諸仏国者《しよぶつこくしや》、不取正覚《ふしゆしようがく》。

一二　たとい我、仏を得んに、光明能《よ》く限量《げんりよう》ありて、下《しも》、百千億那由他《なゆた》の諸仏の国を照らさざるに至らば、正覚を取らじ。

設我得仏《せつがとくぶつ》、寿命有能限量《じゆみよううのうげんりよう》、下至百千億那由他劫者《げしひやくせんおくなゆたこうしや》、不取正覚《ふしゆしようがく》。

一三　たとい我、仏を得んに、寿命能《よ》く限量《げんりょう》ありて、下《しも》、百千億那由他《なゆた》の劫《こう》に至らば、正覚を取らじ。

設我得仏《せつがとくぶつ》、国中声聞《こくちゅうしょうもん》、有能計量《うのうけりょう》、下至三千大千世界《げしさんぜんだいせんせかい》　声聞縁覚《しょうもんえんがく》、於百千劫《おひゃくせんごう》、悉共計《しつぐけ》挍《きょう》、知其数者《ちごしゅしゃ》、不取正覚《ふしゅしょうがく》。

一四　たとい我、仏を得んに、国の中の声聞《しょうもん》、能《よ》く計量《けりょう》ありて、下《しも》、三千大千世界の声聞《しょうもん》・縁覚《えんがく》、百千劫《ごう》において、ことごとく共に計校《けきょう》して、その数を知るに至らば、正覚を取らじ。

設我得仏《せつがとくぶつ》、国中人天《こくちゅうにんでん》、寿命無能限量《じゅみょうむのうげんりょう》。除其本願《じょごほんがん》　脩短自在《しゅたんじざい》。若不爾者《にゃくふにしゃ》、不取正覚《ふしゅしょうがく》。

一五　たとい我、仏を得んに、国の中の人天、寿命能《よ》く限量《げんりょう》なけん。その本願、修《しゅう》短《たん》自在ならんをば除く。もし爾《しか》らずんば、正覚を取らじ。

設我得仏《せつがとくぶつ》、国中人天《こくちゅうにんでん》、乃至聞有《ないしもんう》　不善名者《ふぜんみょうしゃ》、不取正覚《ふしゅしょうがく》。

一六　たとい我、仏を得んに、国の中の人天、乃至不善《ないしふぜん》の名ありと聞かば、正覚を取らじ。

設《せつ》我《が》得《とく》仏《ぶつ》　十方《じっぽう》世界《せかい》　無量《むりょう》諸仏《しょぶつ》、不《ふ》悉《しつ》咨《し》嗟《しゃ》、称《しょう》我《が》名《みょう》者《しゃ》、不《ふ》取《しゅ》正覚《しょうがく》。

一七　たとい我《われ》、仏を得んに、十方世界の無量の諸仏、ことごとく咨嗟《ししゃ》して、我が名を称せずんば、正覚を取らじ。

設《せつ》我《が》得《とく》仏《ぶつ》、十方《じっぽう》衆生《しゅじょう》、至《し》心《しん》信楽《しんぎょう》、欲《よく》生《しょう》我《が》国《こく》、乃至《ないし》十念《じゅうねん》。若《にゃく》不《ふ》生《しょう》者《じゃ》、不《ふ》取《しゅ》正覚《しょうがく》。
唯除《ゆいじょ》五逆《ごぎゃく》　誹謗《ひほう》正法《しょうぼう》。

一八　たとい我、仏を得んに、十方衆生、心を至し信楽《しんぎょう》して我が国に生まれんと欲《おも》うて、乃至《ないし》十念せん。もし生まれずは、正覚を取らじ。唯《ただ》五逆《ごぎゃく》と正法《しょうぼう》を誹謗《ひほう》せんをば除く。

設《せつ》我《が》得《とく》仏《ぶつ》、十方《じっぽう》衆生《しゅじょう》、発《ほつ》菩提《ぼだい》心《しん》、修《しゅ》諸《しょ》功徳《くどく》、至《し》心《しん》発願《ほつがん》、欲《よく》生《しょう》我《が》国《こく》。臨《りん》寿《じゅ》終《じゅう》時《じ》、仮令《けりょう》
不《ふ》与《よ》大衆《だいしゅ》囲繞《いにょう》　現《げん》其《ご》人《にん》前《ぜん》者《しゃ》、不《ふ》取《しゅ》正覚《しょうがく》。

一九　たとい我、仏を得んに、十方衆生、菩提心《ぼだいしん》を発《おこ》し、もろもろの功徳《くどく》を修して、心を至し願を発《ほっ》して我が国に生まれんと欲《おも》わん。寿《いのち》終わる時に臨《のぞ》んで、たとい大衆《だいしゅう》と囲繞《いにょう》してその人の前に現ぜずんば、正覚を取らじ。

設《せつ》我《が》得《とく》仏《ぶつ》、十方《じっぽう》衆生《しゅじょう》、聞《もん》我《が》名号《みょうごう》、係念《けねん》我国《がこく》、植諸徳本《じきしょとくほん》、至心回向《ししんえこう》、欲生我国《よくしょうがこく》、不果《ふか》遂者《すいしゃ》、不取正覚《ふしゅしょうがく》。

二〇　たとい我、仏を得んに、十方の衆生、我が名号《みょうごう》を聞きて、念を我が国に係《か》けて、もろもろの徳本《とくほん》を植《う》えて、心を至し回向《えこう》して我が国に生まれんと欲《おも》わんに、果遂《かすい》せずんば、正覚を取らじ。

設《せつ》我《が》得《とく》仏《ぶつ》、国中人天《こくちゅにんでん》、不悉成満《ふしつじょうまん》、三十二《さんじゅうに》大人相者《だいにんそうしゃ》、不取正覚《ふしゅしょうがく》。

二一　たとい我、仏を得んに、国の中の人天、ことごとく三十二大人《だいにん》の相を成満《じょうまん》せずんば、正覚を取らじ。

設《せつ》我《が》得《とく》仏《ぶつ》、他方仏土《たほうぶつど》　諸菩薩衆《しょぼさつしゅ》、来生《らいしょう》我国《がこく》、究竟必至《くきょうひっし》　一生補処《いっしょうふしょ》。除其本願《じょごほんがん》自在《じざい》所化《しょけ》、為衆生故《いしゅじょうこ》、被弘誓鎧《ひぐぜいがい》、積累徳本《しゃくるいとくほん》、度脱一切《どだついっさい》、遊諸仏国《ゆしょぶっこく》、修菩薩行《しゅぼさつぎょう》、供養十方《くようじっぽう》諸仏如来《しょぶつにょらい》、開化恒沙《かいけごうじゃ》　無量衆生《むりょうしゅじょう》、使立《しりゅう》無上《むじょう》正真《しょうしん》之道《しどう》。超出常倫《ちょうしゅつじょうりん》、諸地之行《しょじしぎょう》現前《げんぜん》、修習《しゅしゅう》普賢《ふげん》之徳《しとく》。若不爾者《にゃくふにしゃ》、不取正覚《ふしゅしょうがく》。

二二　たとい我、仏を得んに、他方の仏土のもろもろの菩薩衆《ぼさつしゅ》、我が国に来生《らいしょう》して、究竟《くきょう》して必ず一生補処《ふしょ》に至らん。その本願の自在《じざい》の所化《しょけ》、衆生のためのゆえに、弘誓《ぐぜい》の鎧《よろい》を被《き》て、徳本を積累《しゃくるい》し、一切を度脱《どだつ》し、諸仏の国に遊んで、菩薩《ぼさつ》の行を修し、十方の諸仏如来を供養《くよう》し、恒沙《ごうじゃ》無量の衆生を開化《かいけ》して、無上正真《しょうしん》の道を立《た》てしめんをば除かん。常倫《じょうりん》に超出し、諸地の行現前し、普賢《ふげん》の徳を修習せん。もし爾《しか》らずんば、正覚を取らじ。

設《せつ》我《が》得仏《とくぶつ》、国中《こくちゅ》菩薩《ぼさつ》、承仏神力《じょうぶつじんりき》、供養諸仏《くようしょぶつ》、一食之頃《いちじきしきょう》、不能偏至《ふのうへんし》、無数無量那由他《むしゅむりょうなゆた》諸仏国者《しょぶつこくしゃ》、不取正覚《ふしゅしょうがく》。

二三　たとい我、仏を得んに、国の中の菩薩、仏の神力《じんりき》を承《う》けて、諸仏を供養し、一《いち》食《じき》の頃《あいだ》に遍《あまね》く無数《むしゅ》無量那由他の諸仏の国に至ること能わずんば、正覚を取らじ。

設《せつ》我《が》得仏《とくぶつ》、国中《こくちゅ》菩薩《ぼさつ》、在諸仏前《ざいしょぶつぜん》、現其徳本《げんごとくほん》、諸所欲求《しょしょよくぐ》　供養之具《くようしぐ》、若不如意者《にゃくふにょいしゃ》、不《ふ》取正覚《しゅしょうがく》。

二四　たとい我、仏を得んに、国の中の菩薩《ぼさつ》、諸仏の前《みまえ》にありて、その徳本を現じ、もろもろの欲求《よくぐ》せんところの供養《くよう》の具、もし意《こころ》のごとくならずんば、正覚を取らじ。

設《せつ》我《が》得仏《とくぶつ》、国中《こくちゅ》菩薩《ぼさつ》、不能演説《ふのうえんぜつ》　一切智者《いっさいちしゃ》、不取正覚《ふしゅしょうがく》。

二五　たとい我、仏を得んに、国の中の菩薩、一切の智《ち》を演説すること能わずんば、正覚を取らじ。

設我得仏《せつがとくぶつ》、国中菩薩《こくちゅぼさつ》、不得金剛那羅延身者《ふとくこんごうならえんしんしゃ》、不取正覚《ふしゅしょうがく》。

二六　たとい我、仏を得んに、国の中の菩薩《ぼさつ》、金剛那羅延《こんごうならえん》の身を得ずんば、正覚を取らじ。

設我得仏《せつがとくぶつ》、国中人天《こくちゅにんでん》、一切万物《いっさいまんもつ》、厳浄光麗《ごんじょうこうれい》、形色殊特《ぎょうしきしゅどく》。窮微極妙《ぐみごくみょう》、無能称量《むのうしょうりょう》。其《ご》諸衆生《しょしゅじょう》、乃至《ないし》逮得天眼《たいとくてんげん》。有能明了弁其名数者《うのうみょうりょうべんごみょうしゅしゃ》、不取正覚《ふしゅしょうがく》。

二七　たとい我《われ》、仏を得んに、国の中の人天、一切万物《まんもつ》厳浄光麗《ごんじょうこうれい》にして、形色殊特《ぎょうしきしゅどく》ならん。窮微極妙《ぐみごくみょう》にして、能《よ》く称量《しょうりょう》することなけん。そのもろもろの衆生、乃至《ないし》天眼《てんげん》を逮得《たいとく》せん。能《よ》く明了《みょうりょう》にその名数《みょうしゅ》を弁《わきま》うることあらば、正覚を取らじ。

設我得仏《せつがとくぶつ》、国中菩薩《こくちゅぼさつ》、乃至少功徳者《ないししょうくどくしゃ》、不能知見《ふのうちけん》其道場樹《ごどうじょうじゅ》無量光色《むりょうこうしき》、高四百万《こうしひゃくまん》里者《りしゃ》、不取正覚《ふしゅしょうがく》。

二八　たとい我、仏を得んに、国の中の菩薩《ぼさつ》、乃至少功徳《ないししょうくどく》の者、その道場樹《どうじょうじゅ》の無量の光色《こうしき》あって、高さ四百万里なるを知見すること能《あた》わずんば、正覚を取らじ。

設《せつ》我《が》得《とく》仏《ぶつ》、国中《こくちゅう》菩薩《ぼさつ》、若受読経法《にゃくじゅどくきょうほう》、諷誦持説《ふじゅじせつ》、而不得弁才智慧者《にふとくべんざいちえしゃ》、不取正覚《ふしゅしょうがく》。

二九　たとい我、仏を得んに、国の中の菩薩《ぼさつ》、もし経法《きょうぼう》を受読し、諷誦《ふうじゅ》持説して、弁才智慧《べんざいちえ》を得ずんば、正覚を取らじ。

設《せつ》我《が》得《とく》仏《ぶつ》、国中《こくちゅう》菩薩《ぼさつ》、智慧弁才《ちえべんざい》、若可限量者《にゃくかげんりょうしゃ》、不取正覚《ふしゅしょうがく》。

三〇　たとい我、仏を得んに、国の中の菩薩《ぼさつ》、智慧弁才《ちえべんざい》、もし限量《げんりょう》すべくんば、正覚を取らじ。

設《せつ》我《が》得《とく》仏《ぶつ》、国土《こくど》清浄《しょうじょう》、皆悉照見《かいしつしょうけん》、十方一切《じっぽういっさい》　無量無数《むりょうむしゅ》　不可思議《ふかしぎ》　諸仏世界《しょぶつせかい》、猶《ゆ》如明鏡《にょみょうきょう》　睹其面像《とごめんぞう》。若不爾者《にゃくふにしゃ》、不取正覚《ふしゅしょうがく》。

三一　たとい我、仏を得んに、国土清浄《しょうじょう》にして、みなことごとく十方一切の無量無《む》数《しゅ》不可思議の諸仏世界を照見《しょうけん》せんこと、猶《なお》し明鏡《みょうきょう》にその面像を睹《み》るがごとくならん。もし爾《しか》らずんば、正覚を取らじ。

設《せつ》我《が》得《とく》仏《ぶつ》、自《じ》地《じ》已《い》上《じょう》、至《し》于《う》虚《こ》空《くう》、宮殿楼観《くでんろうかん》　池流華樹《ちるけじゅ》、国中所有《こくちゅうしょう》　一切万物《いっさいまんもつ》、皆以無《かいいむ》量《りょう》　雑宝《ざっぽう》　百千種香《ひゃくせんじゅこう》、而共合成《にぐごうじょう》。厳飾奇妙《ごんじききみょう》、超諸人天《ちょうしょにんでん》。其香普薫《ごこうふくん》　十方世界《じっぽうせかい》。菩薩聞《ぼさつもん》者《しゃ》、皆修仏行《かいしゅぶつぎょう》。若不如是者《にゃくふにょぜしゃ》、不取正覚《ふしゅしょうがく》。

三二　たとい我、仏を得んに、地より已上《いじょう》、虚空に至るまで、宮殿《くでん》・楼観《ろうかん》・池流《ちる》・華《け》樹《じゅ》、国の中のあらゆる一切万物《まんもつ》、みな、無量の雑宝《ざっぽう》百千種の香をもって、しかも共に合成《ごうじょう》せん。厳飾奇妙《ごんじきみょう》にして、もろもろの人天に超《こ》えん。その香、普《あまね》く十方世界に薫《くん》ぜん。菩薩《ぼさつ》、聞かん者、みな仏行《ぶつぎょう》を修せん。もしかくのごとくならずんば、正覚を取らじ。

設《せつ》我《が》得《とく》仏《ぶつ》、十方無量《じっぽうむりょう》　不可思議《ふかしぎ》　諸仏世界《しょぶつせかい》　衆生之類《しゅじょうしるい》、蒙我光明《むがこうみょう》、触其身者《そくごしんしゃ》、身心《しんじん》柔軟《にゅうなん》、超過人天《ちょうかにんでん》。若不爾者《にゃくふにしゃ》、不取正覚《ふしゅしょうがく》。

三三　たとい我、仏を得んに、十方無量不可思議の諸仏世界の衆生の類《るい》、我《わ》が光明《こうみょう》を蒙《こうぶ》りてその身に触《ふ》れん者、身心柔軟《しんしんにゅうなん》にして、人天に超過《ちょうか》せん。もし爾《しか》らずんば、正覚を取らじ。

設《せつ》我《が》得《とく》仏《ぶつ》、十方無量《じっぽうむりょう》　不可思議《ふかしぎ》　諸仏世界《しょぶつせかい》　衆生之類《しゅじょうしるい》、聞我名字《もんがみょうじ》、不得菩薩無《ふとくぼさつむ》　生《しょう》

法忍《ほうにん》　諸深総持者《しょじんそうじしゃ》、不取正覚《ふしゅしょうがく》。

三四　たとい我、仏を得んに、十方無量不可思議の諸仏世界の衆生の類《るい》、我が名字《みょうじ》を聞きて、菩薩《ぼさつ》の無生法忍《むしょうぼうにん》、もろもろの深総持《じんそうじ》を得ずんば、正覚を取らじ。

設我得仏《せつがとくぶつ》、十方無量《じっぽうむりょう》　不可思議《ふかしぎ》　諸仏世界《しょぶつせかい》、其有女人《ごうにょにん》、聞我名字《もんがみょうじ》、歓喜信楽《かんぎしんぎょう》、発菩提心《ほっぼだいしん》、厭悪女身《えんおにょしん》。寿終之後《じゅじゅしご》、復為女像者《ぶいにょぞうしゃ》、不取正覚《ふしゅしょうがく》。

三五　たとい我、仏を得んに、十方無量不可思議の諸仏世界に、それ女人《にょにん》あって、我が名字《みょうじ》を聞きて、歓喜信楽《かんぎしんぎょう》し、菩提心《ぼだいしん》を発《おこ》して、女身《にょしん》を厭悪《えんお》せん。寿《いのち》終りての後、また女像《にょぞう》とならば、正覚を取らじ。

設我得仏《せつがとくぶつ》、十方無量《じっぽうむりょう》　不可思議《ふかしぎ》　諸仏世界《しょぶつせかい》　諸菩薩衆《しょぼさつしゅ》、聞我名字《もんがみょうじ》、寿終之後《じゅじゅしご》、常修《じょうしゅ》梵行《ぼんぎょう》、至成仏道《しじょうぶつどう》。若不爾者《にゃくふにしゃ》、不取正覚《ふしゅしょうがく》。

三六　たとい我《われ》、仏を得んに、十方無量不可思議の諸仏世界のもろもろの菩薩衆《ぼさつしゅ》、我が名字《みょうじ》を聞きて、寿《いのち》終わりての後、常に梵行《ぼんぎょう》を修して、仏道を成るに至らん。もし爾《しか》らずんば、正覚を取らじ。

設我得仏《せつがとくぶつ》、十方無量《じっぽうむりょう》 不可思議《ふかしぎ》 諸仏世界《しょぶつせかい》 諸天人民《しょてんにんみん》、聞我名字《もんがみょうじ》、五体投地《ごたいとうじ》、稽首《けいしゅ》作礼《さらい》、歓喜信楽《かんぎしんぎょう》、修菩薩行《しゅぼさつぎょう》。諸天世人《しょてんせにん》、莫不致敬《まくふちきょう》。若不爾者《にゃくふにしゃ》、不取正覚《ふしゅしょうがく》。

三七　たとい我、仏を得んに、十方無量不可思議の諸仏世界の諸天人民《しょてんにんみん》、我《わ》が名字を聞きて、五体を地に投げて、稽首作礼《けいしゅさらい》し、歓喜信楽《かんぎしんぎょう》して、菩薩《ぼさつ》の行を修せん。諸天世人、敬《うやま》いを致《いた》さずということなけん。もし爾らずんば、正覚を取らじ。

設我得仏《せつがとくぶつ》、国中人天《こくちゅうにんでん》、欲得衣服《よくとくえぶく》、随念即至《ずいねんそくし》。如仏所讃《にょぶつしょさん》 応法妙服《おうほうみょうぶく》、自然在身《じねんざいしん》。若有《にゃくう》裁縫《さいふ》 擣染浣濯者《とうぜんかんだくしゃ》、不取正覚《ふしゅしょうがく》。

三八　たとい我、仏を得んに、国の中の人天、衣服《えぶく》を得んと欲《おも》わば、念に随《したが》いてすなわち至らん。仏の所讃《しょさん》の応法《おうほう》の妙服《みょうぶく》のごとく、自然《じねん》に身にあらん。もし裁縫《さいふ》・擣染《とうぜん》・浣濯《かんだく》することあらば、正覚を取らじ。

設我得仏《せつがとくぶつ》、国中人天《こくちゅうにんでん》、所受快楽《しょじゅけらく》、不如漏尽比丘者《ふにょろじんびくしゃ》、不取正覚《ふしゅしょうがく》。

三九　たとい我、仏を得んに、国の中の人天、受けんところの快楽《けらく》、漏尽比丘《ろじんびく》のごとくならずんば、正覚を取らじ。

設《せつ》我《が》得《とく》仏《ぶつ》、国《こく》中《ちゅ》菩《ぼ》薩《さつ》、随《ずい》意《い》欲《よく》見《けん》　十《じっ》方《ぽう》無《む》量《りょう》　厳《ごん》浄《じょう》仏《ぶっ》土《ど》。応《おう》時《じ》如《にょ》願《がん》、於《お》宝《ほう》樹《じゅ》中《ちゅ》、皆《かい》悉《しつ》照《しょう》見《けん》、猶《ゆ》如《にょ》明《みょう》鏡《きょう》　睹《と》其《ご》面《めん》像《ぞう》。若《にゃく》不《ふ》爾《に》者《しゃ》、不《ふ》取《しゅ》正《しょう》覚《がく》。

四〇　たとい我、仏を得んに、国の中の菩《ぼ》薩《さつ》、意《こころ》に随《した》がいて十方無量の厳浄《ごんじょう》の仏土を見んと欲《おも》わん。時に応じて願のごとく、宝樹《ほうじゅ》の中《うち》にして、みなことごとく照見せんこと、猶《なお》し明鏡《みょうきょう》にその面像を睹《み》るがごとくならん。もし爾《しか》らずんば、正覚を取らじ。

設《せつ》我《が》得《とく》仏《ぶつ》、他《た》方《ほう》国《こく》土《ど》　諸《しょ》菩《ぼ》薩《さつ》衆《しゅ》、聞《もん》我《が》名《みょう》字《じ》、至《し》于《う》得《とく》仏《ぶつ》、諸《しょ》根《こん》闕《けつ》陋《る》、不《ふ》具《ぐ》足《そく》者《しゃ》、不《ふ》取《しゅ》正《しょう》覚《がく》。

四一　たとい我《われ》、仏を得んに、他方国土のもろもろの菩薩衆《ぼさつしゅ》、我《わ》が名字《みょうじ》を聞きて、仏を得んに至るまで、諸根闕陋《しょこんけつる》して具足《ぐそく》せずんば、正覚を取らじ。

設《せつ》我《が》得《とく》仏《ぶつ》、他《た》方《ほう》国《こく》土《ど》　諸《しょ》菩《ぼ》薩《さつ》衆《しゅ》、聞《もん》我《が》名《みょう》字《じ》、皆《かい》悉《しつ》逮《たい》得《とく》　清《しょう》浄《じょう》解《げ》脱《だつ》三《さん》昧《まい》。住《じゅ》是《ぜ》三《さん》昧《まい》、一《いち》発《ほっ》意《い》頃《きょう》、供《く》養《よう》無《む》量《りょう》　不《ふ》可《か》思《し》議《ぎ》　諸《しょ》仏《ぶっ》世《せ》尊《そん》、而《に》不《ふ》失《しっ》定《じょう》意《い》。若《にゃく》不《ふ》爾《に》者《しゃ》、不《ふ》取《しゅ》正《しょう》覚《がく》。

四二　たとい我、仏を得んに、他方国土のもろもろの菩薩衆《ぼさつしゅ》、我《わ》が名字《みょうじ》を聞きて、みなことごとく清浄解脱三昧《しょうじょうげだつさんまい》を逮得《たいとく》せん。この三昧に住して、一意《ひとたびこころ》を発《おこ》さん頃《あいだ》に、無量不可思議の諸仏世尊《せそん》を供養《くよう》したてまつりて、しかも定意《じょうい》を失せじ。もし爾《しか》らずんば、正覚を取らじ。

設我得仏《せつがとくぶつ》、他方国土《たほうこくど》　諸菩薩衆《しょぼさつしゅ》、聞我名字《もんがみょうじ》、寿終之後《じゅじゅしご》、生尊貴家《しょうそんきけ》。若不爾者《にゃくふにしゃ》、不取正覚《ふしゅしょうがく》。
四三　たとい我、仏を得んに、他方国土のもろもろの菩薩衆《ぼさつしゅ》、我が名字を聞きて、寿終わりての後、尊貴《そんき》の家に生まれん。もし爾《しか》らずんば、正覚を取らじ。
設我得仏《せつがとくぶつ》、他方国土《たほうこくど》　諸菩薩衆《しょぼさつしゅ》、聞我名字《もんがみょうじ》、歓喜踊躍《かんぎゆやく》、修菩薩行《しゅぼさつぎょう》、具足徳本《ぐそくとくほん》。若不爾者《にゃくふにしゃ》、不取正覚《ふしゅしょうがく》。
四四　たとい我、仏を得んに、他方国土のもろもろの菩薩衆《ぼさつしゅ》、我が名字を聞きて、歓喜踊躍《ゆやく》して、菩薩《ぼさつ》の行を修し、徳本《とくほん》を具足せん。もし爾《しか》らずんば、正覚を取らじ。
設我得仏《せつがとくぶつ》、他方国土《たほうこくど》　諸菩薩衆《しょぼさつしゅ》、聞我名字《もんがみょうじ》、皆悉逮得《かいしつたいとく》　普等三昧《ふとうさんまい》。住是三昧《じゅぜさんまい》、至于《しう》成仏《じょうぶつ》、常見無量《じょうけんむりょう》　不可思議《ふかしぎ》　一切諸仏《いっさいしょぶつ》。若不爾者《にゃくふにしゃ》、不取正覚《ふしゅしょうがく》。
四五　たとい我《われ》、仏を得んに、他方国土のもろもろの菩薩衆《ぼさつしゅ》、我《わ》が名字《みょうじ》を聞きて、みなことごとく普等三昧《ふとうさんまい》を逮得《たいとく》せん。この三昧《さんまい》に住して、成仏《じょうぶつ》に至るまで、常に無量不可思議の一切の諸仏を見たてまつらん。もし爾《しか》らずんば、正覚を取らじ。
設《せつ》我《が》得《とく》仏《ぶつ》、国《こく》中《ちゅ》菩《ぼ》薩《さつ》、随《ずい》其《ご》志《し》願《がん》、所《しょ》欲《よく》聞《もん》法《ぼう》、自《じ》然《ねん》得《とく》聞《もん》。若《にゃく》不《ふ》爾《に》者《しゃ》、不《ふ》取《しゅ》正《しょう》覚《がく》。
四六　たとい我、仏を得んに、国の中の菩薩《ぼさつ》、その志願に随《したが》いて、聞かんと欲《おも》わんところの法、自然《じねん》に聞くことを得ん。もし爾らずんば、正覚を取らじ。
設《せつ》我《が》得《とく》仏《ぶつ》、他《た》方《ほう》国《こく》土《ど》　諸《しょ》菩《ぼ》薩《さつ》衆《しゅ》、聞《もん》我《が》名《みょう》字《じ》、不《ふ》即《そく》得《とく》至《し》　不《ふ》退《たい》転《てん》者《しゃ》、不《ふ》取《しゅ》正《しょう》覚《がく》。
四七　たとい我、仏を得んに、他方国土のもろもろの菩薩衆《ぼさつしゅ》、我が名字を聞きて、すなわち不退転に至ることを得ずんば、正覚を取らじ。
設《せつ》我《が》得《とく》仏《ぶつ》、他《た》方《ほう》国《こく》土《ど》　諸《しょ》菩《ぼ》薩《さつ》衆《しゅ》、聞《もん》我《が》名《みょう》字《じ》、不《ふ》即《そく》得《とく》至《し》　第《だい》一《いち》第《だい》二《に》第《だい》三《さん》法《ぼう》忍《にん》、於《お》諸《しょ》仏《ぶつ》法《ぽう》、不《ふ》能《のう》即《そく》得《とく》　不《ふ》退《たい》転《てん》者《しゃ》、不《ふ》取《しゅ》正《しょう》覚《がく》。
四八　たとい我、仏を得んに、他方国土のもろもろの菩薩衆《ぼさつしゅ》、我が名字《みょうじ》を聞きて、すなわち第一・第二・第三法忍《だいさんぼうにん》に至ることを得ず、諸仏の法において、すなわち不退転を得ることを能わずんば、正覚を取らじ。
（『仏説無量寿経』巻上、東本願寺出版部、引用にあたり旧字を常用漢字にした）

ここにいたっては、毎田周一先生にご登場していただくほかはない（『毎田周一全集』第五巻、毎田周一全集刊行会）。

女人成仏の願（第三十五願）

設ひ我れ仏を得んに、十方無量不可思議の諸仏世界に、其れ女人有りて、我が名字を聞きて、歓喜信楽し、菩提心を発《おこ》して、女身を厭悪《えんお》せん。寿《いのち》終るの後、復《また》女像と為らば、正覚を取らじ。（「大無量寿経」上巻）

これが法蔵菩薩の四十八願中の第三十五願である。そしてこの一願を抹殺することは、四十八願全部を抹殺することとなり、ひいては大経全体、むしろ仏教そのものを抹殺することとなる。何故ならば大経のうち、自分の好きな処をとり、厭なところを棄てるならば、それは大経そのものを信受していないことになるからである。信ずるとはかくの如きである。よきもあしきも、その生命の全体を受け容れることを信といい、これを批判的に見て、よきを取り悪しきを捨てるならば、その生命を破壊してしまうので、全生命の受容としての信とはならないのである。

ある人は二千年前の印度の社会が、かかる男尊女卑の風習をもっていた、その歴史的反映であるという。だからこれを取去って、今日にも妥当する部分のみを、大経の教えとして受けるべきであるという。ここに大経が時空を超えた、永遠の真理の表現であることに対する否定がある。このとき私をしていわしむるならば、その人は何等大経を読むの要はないのである。それを読むことは全く無駄な暇潰しに過ぎなくなるのである。何故それを読むか、無意味となる。

大経を読む以上は、この第三十五願をも信受せねばならなくなる。そして果してこの願は、時空をこえた永遠の真理を示すものであるか、これを味わってみなければならない。(中略)

第十八願には一応、男女の区別なく「十方衆生」と呼びかけられた。しかし詳しくは、十方衆生のうちに男女の別があるのである。この区別が抹殺されなければならない。それは如何にして抹殺されるのであるか。「変成男子」によってである。女人を男子に変成することによってである。こうして女人を男子に変成しておいて、始めて「十方衆生」と喚びかけられ、そして念仏往生を誓わせられるのである。女人も男子に変成され、ここに男子として「十方衆生」として、弥陀に招喚されてゆくのである。

女人は男子に変成されなければ、信心獲得は不可能であるのか。男子のみが信心を獲得するのであるか。——信心獲得には、総じて(十方衆生として)「男子として」

獲得するという絶対不可欠の条件があるのか。――どうもそうらしいのである。それにはどういう意味があるのか。

ひそかに思うに、信心獲得とは、法蔵の超世願に対応するものである。「我れ超世の願を建つ、必ず無上道に至らむ。斯の願満足せずば、誓って正覚を成ぜじ」という、その超世願が信受され、その結果として私達の裡にも、この願が沸々として働き、又生動・躍動し、私達もこの願に立上ってゆくことが、信心獲得ではないか。若しそうだとすれば、この超世ということは、女人に可能なことであるか。女人の立場に於いては不可能なことであると思われる。それは男子にとってのみ可能なことである。

女人は子を生み、子を育てる。母なる大地という。母は大地なのである。母の大地性、女人の大地性、この大地を離れることを得ない。若しそうすれば、子供は育たないのである。例えば釈尊は、父と妻と子とを城に残して、唯一人出家し修道せられた。しかし反対にヤショダーラー姫が、夫と子を城に残して、出家修道することが出来るか。就中一子ラーフラを残して。これは（母として）不可能なことである。又子を伴っての修道ということも考えられない。

ここに私は子を生み、子を育てる処に、女性の本質を見た。これは女性の肉体（女身）のことである。第三十五願はひとえにこの女身を問題とする。実は女人が問題になるとは、女人の肉体が問題になるということである。

こういうと人は、否、子を生むのは、父と母との協同の仕事であり、又育てるのも協同の責任であるという。併《しか》しその子を孕むのは、肉体に宿すのは、女性である。そして生れてこれに乳房をふくませるのも、女性である。

――ここに女人の肉体が特に問題となる所以がある。

そしてこの子故に、大地を離れる能わず、世を超える能わずとすれば、そこに関係してくることは、女人の肉体であらねばならぬ。――女人にとって、その肉体は、その存在の本質をなしている。

この肉体を捨てることなくしては、この肉体の立場を転換することなくしては、法蔵の超世の願をそのままに領受することは出来ない。又この願の領受である所の信心を、獲得することが出来ない。願文に「女身を厭悪せん」という所以である。ここに厭悪するとは、肉体の立場を離れることである。ということは結局どうすることであるか。――

子を捨てることである。大地との縁を絶つことである。

しかしこれは可能なことであるか。この世では母を尊いという。その貴さの前には、人は涙を流すのである。そして実にこの世は、母性によってこそ成り立っているのである。この世の、この社会の、真実の地盤は、母性である。マルクスの唯物史観では経済的基礎構造などというが、それよりももっと深い根柢に、社会成立の、必須不可欠の条件として、母性があるのである。母こそはこの世を成り立たしめている。而もそれは貴ばれさえもしている。

現世的立場、社会的立場を固守するための最後の牙城として、人々は母性を尊ぶことによって、「貴い母性」ということによって、超世の立場（出世間の立場）に、自己を譲ろうとはしないのである。この現世成立の根本の牙城としての「貴い母性」を砕くことなくしては、超世は実現しないのである。何という怖ろしいことであるか。

ここ迄、現世成立の窮極の条件（要因）に迄、メスを擬するところに、第三十五願の意義がある。この真実の根柢を剔抉することによって、始めて真の超世は実現するというのである「仏智の不思議をあらはして」とうたわれているが、実に恐怖そのものである。

この世で恐らく最も尊ばれているもの、母性を打砕くのである。人は「母」といえば、もう既に涙ぐむほどの、その母性をである。何という「非情」であろうか。第三十五願は非情そのものであるといってよい。

しかしここ迄ゆかなければ、超世は徹底しない、完成しない。従って、第十八願の念仏往生への誓願が、衆生のうちへ徹底して来ない。即ち大悲は撤しないのである。

では子を捨てるとは如何なることであるか。

この子を我が子と思わぬことである。この子を、私が育てなければ、誰が育てる、なぞと思わぬことである。この子は如来の子である。

如来これを育て給う、という処へ撤することである。つまり我が子を摑まえている、その手が断ち切られることである。——私が駄目になったら、私が死んだら、この子はどうなるのか。如来は此の世を通して、よろしく育て給う。そこへお委せするのである。この如来への一切の委任が如何に厳しいことであるか。——女人における念仏成仏はこのことである。

長々と先生の引用に心より御礼申し上げる次第である。

変成男子を問いながら館内を廻っていると、親鸞聖人像（熊皮御影。縦一四八・八センチ、横八六・二センチ。鎌倉時代。奈良国立博物館蔵）の前に立っていた。合掌礼拝。

この展覧会は、我が国の仏教の展開を通して、女性と仏教の関わりを見つめていくなかで、女性が果した役割を九つのテーマ毎のコーナーを設けて展示していた。テーマは次の通りである。

一、仏教の受容と女性
二、宮廷の女性と仏教
三、浄土憧憬
四、信仰と霊験
五、法華経の信仰と女性
六、母と子のイメージ
七、鎌倉仏教と女性
八、表わされた女性信者の姿
九、女性の信仰の種々相

あいさつ文には、「仏教が女性をどう見たかではなく、女性が仏教をどう見たかという視点にできるだけ立ち、女性と仏教の関わりを見つめていきます」と述べられていた。鎌倉仏教について長々と書いたので、「母と子のイメージ」コーナーは展示品の紹介のみで終ることにする。

釈尊の母・摩耶夫人及び天人像（東京国立博物館蔵）

釈迦金棺出現図（京都国立博物館蔵）

観無量寿経序分義図（奈良国立博物館蔵）

童子経曼荼羅（京都智積院蔵）

この他に、母子物語に関連する品を陳列し、我が国の仏教徒が関わってきた宝物を通して母と子のイメージの追体験を願った拝観コーナーがあった。

休憩室からは、もと興福寺大乗院の庭にあった含翠亭と呼ばれていた茶室を、明治中期に館内に移築し、八窓庵と命名された四畳台目席の茶室を眺めながら、お薄を頂戴して、帰路についた。

最後に、作品解説・出品目録の紹介は、奈良国立博物館出版の『女性と仏教』「いのりとほほえみ」の冊子に導かれての記述であることを深謝とともに申し上げる次第である。

共生への道

核保有

北朝鮮の核保有が問題になっている。それは日本への威嚇にもなる。いかに人間が高度の技術を持っていても、傲慢であれば人間こそ生物のなかで最も下等であることを証明している。次第にきな臭くなっていく。

日本人にぜひ聞いてもらいたい言葉がある。それは五百年前のモンテーニュの言葉である。

戦争にいたっては、人間の行動のうち最も勇壮なものであるが、はたして我々は、これを以て何かの優秀の根拠にしようとする気なのか、知りたいものだ。まったく正直のところ、お互いに打ち合い、殺し合い、自分の種族を滅亡させる学問などは、これをもたない畜生どもを口惜しがらせるにたるものではないと思う。

動物は我々よりもずっと規則にかなっている。そしてより多くの節制を以て、自然が我々に課した限界のなかにとどまっている。

たしか、「虫けらにも劣る自己」といわれたのは西田幾太郎博士ではなかったろうか。

心の開発《かいほつ》の時代

『仏教・開発・NGO――タイ開発僧に学ぶ共生の智慧』（西川潤・野田真里編、新評論）、『文明の衝突』（サミュエル・P・ハンチントン著、鈴木主税訳、集英社）という二冊の本を読み、私が学んだことを書いてみる。

核開発《かいはつ》、海浜埋立開発、レジャー産業開発など、開発と言えば何でも許されるような錯覚を起こさせ、忙しいと言えば少々の約束は履行できなくても見逃してもらえるような社会では、欲望は肥大化し、ブレーキの効かぬ人間を生産するだけである。

仏教は人間存在そのものの構造を、貪欲・瞋恚《しんに》（怒り）・愚痴、略して貪瞋痴《とんじんち》の三毒の塊と捉えている。人はそれを根柢とした社会的動物である。対他的・対人的・社会関係において働く作用を、具体的な様相として五つの悪が説かれている。五悪段である。

三毒とは利己心の立場であり、五悪とは害他心の立場である。裏に利己心あって表が五悪となるのである。

小乗仏教での五悪は、殺生・偸盗《ちゅうとう》・邪淫《じゃいん》・妄語・飲酒《おんじゅ》を戒めるが、これは一種の象徴的意義においてのみ用いられている。では大乗仏教ではどう五悪を見ているか。その奥の深さにおいて五悪が見られている。

第一の悪とは殺生である。人間存在とは利己心であり、他の生命・人格の否定を伴う害他的なものである。親鸞聖人は和讃に「蛇蝎奸詐《だかつかんさ》のこころにて」と詠まれている。相手の苦い、きつい言葉や態度は直観的に気づき警戒するが、表面は甘く優しい心地よい言葉や態度で人を油断させ、裏で欺き傷つかせる。蝎《さそり》のように相手を安心させ、油断させてその隙に尾先で刺し毒殺するのである。

本当の優しさ、親切は無償の愛である。はなはだ難しである。行為が利他の行であっても、人間本来の利己心を取り除くことは不可能である。毒が混じっている、それを雑善といっている。人間のいかなる善行にも利己心という計算された毒が必ず含まれているという、人間の厳然たる事実を言いあてられた言葉である。どんな言い訳も通じないのである。

殺生とは、弱肉強食であり、闘争である。勝つことは善であり、負けることは悪であるという論法となり、実力主義は勝負にこだわり、貧富の差が開くことが当然の社会となっていく。殺生の根柢に自卑のあることを発見したのが大乗仏教である。自らを卑下するものは他の生命を無視する。拝むものが拝まれると言われているではないか。仏教の善は、この世の執着を断って、この世の相対関係を超えることである。

一九七〇年代に世界銀行や国連によってＢＨＮ（Basic Human Needs）戦略が提唱され、近代化においての開発は物質的開発であったが、政府・企業のすすめた経済成長も行き詰ってきた。それに基づく人間の汚穢は日に日に犯罪の増加を招いている。

「物の開発」に邁進中の日本では、仏教の自覚などは近代化のなかではナンセンスとして耳を傾けようとはしなかったのである。

今、タイの国では、小乗仏教の枠を超えて、地球社会全体の共生や真の開発に、住民参加型の宗教活動をしている。開発僧・尼僧が、その新しい呼び方と併せて注目を浴びている。心の開発が経済の基礎になくてはならないと『仏教・開発・ＮＧＯ』のなかで述べられている。

また、こうも言っている。タイでは伝統文化としての仏教の内部から、仏教のあり方や教理の革新が見られ、仏教僧や彼らと連帯する知識人、ＮＧＯの独自の開発運動が進展している。すなわち西洋近代化をモデルとした従来の外発的な経済中心の開発から、独自の伝統文化や共生の智慧、すなわちタイにおいては仏教に基づく内発的な人間中心の開発《かいほつ》への、開発のパラダイム転換が起きているのであると、先の著書は述べている。物質の「開発《かいはつ》」と読み、仏教に根ざした「開発《かいほつ》」と読むのは、思想と実践の異なる点からである。

ここに生きている私は、日常の生き方に、物の見方・考え方が表面的で、腰を据えて事柄をじっくり見極めることが浅く、急がなくてもよいことに何でも人に負けまいと早く早くと急いでいる。

世間には急いでやらねばならぬことは一つもないのである。あるとすれば、それは急がねばならぬことは一つもないということがただ一つある。それは、この世間は私たちがせねばならぬと思っていることは全て「不急の事」であると知ること、このこと一つが、人と生まれて急を要することである。それを開発《かいほつ》無上心とも信心開発《かいほつ》ともいう。

近代の西洋的経済成長では、開発《かいはつ》は自然を切り開き、資源を人間社会に役立てることであるとしている。

近代化のなかで、仏教の少欲知足は絵画に描かれた餅として、一部の人々を除いては全く無視されてきた。貪欲に狂い必要以上のものに血眼になってきた結果、生産過剰の大山に迷惑して恥も傷む心も失っていくばかりである。

そういう時代だからこそ、本来の在り方や生き方に目覚め、共生のために、悪の根源が検討されねばならぬ。それを「大無量寿経」に学ぶと、「三毒段」に示された「貪欲」については、つぎの如くである。

急ぐ必要もないことをお互い争い、地位の上下と貧富を問わず老若男女みな、金と物のことばかり心配している。黙々と働き、いろいろと心の動きにこき使われて、心安ぐときがない。

田あればあるで心配、家があればあるで心配、金、財産、衣食住、家具みな心配の種である。あれこれ考えて息もつまるほど憂えたり怖れたりする。思いもかけず突然に洪水、火事、盗賊、怨敵、債権者のために流され、焼かれかすめとられ、すっかりなくなってしまえば、あわれなだけで心も安ぎがない。怒りは心を堅くし、悲しみは心を閉しゆったりした心になれない。又災難にあって身分がなくなってくると、物をすてていかねばならぬし、誰れもついてこない、地位の高い人、非常な金持の人でも心は同じであり、もう憂いと怖れで心は砕け戦々怯々といやな思いばかりである。

貧乏で賤しい者は何も持つことができないし、田なければ田を欲し、家なければ家を欲する。牛馬金や物衣食家具を欲し、一つでも手にはいると、またひとつと限りがなく、揃ったかと思えば、皆なくなってしまうのでまた求めるが手にはいらぬ。いくら考えても何の足しにもならぬのでただ苦労と、怯えと辛い思いばかりしている。そのため若死にする。こんな人はよい働きを身につけようとはしない。こんな人は自暴自棄になる。それがために命終って自分ひとり遠くへいってしまう。どこかへゆくのであるが、善悪の分れ道が、どっちへゆくか知る者はいない。(「三毒段貪欲」より)

ここには、貪欲の世界にうろうろしている者の姿が描かれている。

貪欲が満つれば満つるほど堕落に沈み、満たされなければ怒り腹立ちとなる。そこには、差別、貧困、環境破壊、人間の荒廃、家族・共同体の崩壊へと問題は山積みするばかり。この消費社会の経済至上主義の開発《かいはつ》社会は急がねばならなかったのだろうかと、「大無量寿経」の三毒・五悪段を拝読しながら学んだのである。タイの開発僧、尼僧の心の開発の呼びかけに賛同するものである。

また、ハンチントン氏は著書『文明の衝突』のなか

で、文明の衝突の可能性の高いことを明言している。

そのなかで、著明な日本人ジャーナリストが、一九九三年に経済を風邪にたとえて、「アメリカがくしゃみをすればアジアが風邪をひいた時代は終りだ」と宣言すると、マレーシアの政府関係者は「アメリカが高熱を発しても、アジアは咳一つしないだろう」と補足したことや、東アジアの民衆が人権などの価値観についても、西欧やアメリカの規範に合わせるよう強要されてきたが、アジア人はアメリカに対して恐れおののく時代を終え、反論する時代を迎えつつあると、アジアの政治家は言っていると著者は語っている。

これは東アジアの人びとの心の開発《かいほつ》の時代が到来しているのだと信じてよいのではなかろうか。

貧を学ぶ

化　身

女性で絶えず愚痴を吐く人は、ヒステリーの病気にならないとは、愚痴の効用である。

聖徳太子は「愚心及び難し」と言い、法然上人は、「愚痴の法然房」と申され、親鸞聖人は「愚禿親鸞」と名のられた。この世界に悪しきもの我れ一人といったのは、名もなき妙好人である。

貪欲《どんよく》から一生卒業できません。瞋恚《しんに》から一生卒業できません。愚痴から一生卒業できません。私は落第生だったと気づかせていただいたら、気が楽になった。ごてごて人のこと言わんでよいし、いらぬ人の世話をやかんでよい。それだけ時間にゆとりが出てくる。悠々と生きてゆこう。

女性は三つの眼をもっているといったのは、イギリスの哲学者だったか。一つは鼻の上、二つは後頭部、そして三つ目は親指と人さし指という。この三つの眼で睨まれたら男性諸君あきらめたまえ。到底、女性を騙し続けることは不可能だろう。

男はこの世へ約束を守るために生まれて来たというのに、約束は破るためにあるとか、世のなかは口先ばかりだとか割り切ったように言う。良寛は、酒を飲んだら約束はするものではないと言っている。

また日の丸を挙げ、「君が代」を歌うご時世となった。つぎは愛国心、そして非国民か。

A師に何か書いて下さいと言ったら、「於麻江者莫迦《おまえはばか》」と書かれた。

悪いのは私です、私こそ悪人です、とすぐ言う人がいる。悪人を持って廻っている偉い人である。それを自力の骨頂というのだろう。

人間は善と悪を対立させ、善人と悪人という言葉を作り、善人になるように努めているが、いかなるものだろう。人間は自覚的存在という。その自覚とは、悪人の自覚であり、その外に自覚はない。

老人に愚痴を言うなと言ったら、それは死ねと言うのかと反論された。三毒の煩悩の一つだから、愚痴はつまらぬものと思っていたら、人の仲のよき関係を「愚痴る仲」とも言う。お互いが相手の愚痴の吐き捨て場所になっている。「うんうん、そうだよ、そうだよ」と聞き役を果している。私の愚痴を聞いてくださる如来さまだったのだ。「煩悩具足の凡夫とおほせられたることなれば」（『歎異抄』）とは、絶えず愚痴を吐く私一人のための如来であった。

男は金が身の程をこすと、女や賭事に狂い、その悪癖が身につくと、金がなくなっても女と賭事に狂い、サラ金という拝金宗へ駆け込む。金少なき男と結婚するは必ずしも不幸ではなかろう。

暇になったら、求道に励むというが、暇な求道は間抜けに終ろう。

あるテレビ番組である。援助交際に走った女子高校生が、金を貯め、容姿も綺麗になったとき、若い彼氏と出会った。今までの遊びが不潔に感ぜられ、遠ざかっても、過去の非行が彼氏に見破られまいかと、十代の彼女は秘密を守るための演技を続けている日々の苦しみを話していた。もちろん顔はモザイクに映っていた。

凡　夫

あの人も凡夫、私も凡夫とは、何の遠慮もいらぬことである。

共に凡夫とは、背伸びする必要のない世界と知らされることである。

共に凡夫とは、愚禿ということ、虚飾の空しさに目覚めることである。

共に凡夫の自覚とは、人間が人間である、それ以上を望むのでもない、一切を仏におまかせするということである。

仏は我れ人間なりと宣言された。その人間とは特別な人ではない。共是凡夫耳《ともにこれただびとのみ》である。

人間とは欲と迷いの存在であり、それは煩悩具足の身であるゆえに煩悩具足の凡夫という。

現代人は凡夫であるということを見失っている。そこに悲劇がある。

共是凡夫耳とは、そらごと、たわごと、まことあることなき身と知れりということである。

聖徳太子は、「我れ必ずしも聖に非ず、彼必ずしも愚に非ず、共に是れ凡夫のみ」と言われ、親鸞聖人は、凡夫とは「無明煩悩、われらがみにみちみちて、欲もおおく、いかり、はらだち、そねみ、ねたむこころ、おおくひまなくして、臨終の一念にいたるまで、とどまらず、きえず、たえず」と仰せられた。

世間虚仮《せけんこけ》とは愚心及び難しであり、それを共に是れ凡夫なりという。この一句において聖徳太子を讃仰する。

どんなに頑張って出世しても凡夫、落ちこぼれても凡夫。凡夫とは人間ということだ。どこか別に人間がいるのでない。誰でも人間である。

共是凡夫耳とは、相対・対立のなかにあって、煩悩具足に出発して、煩悩具足に帰るばかりである。

凡夫の自覚とは、西田幾太郎曰く、「虫けらにも劣る人間の謙虚な自覚がなければならぬ」。

人間は凡夫である。凡夫と生まれ、凡夫として死んでゆく、ただそれだけである。

凡夫とは雑草であり、どんなに踏まれても、抜かれても、生きることを捨てない、それしか知らないことを根強く感じ、石にかじりついても生きるもののことである。

お釈迦さまは韋提希夫人にまず、あなたは凡夫であるぞ、あなたの心も想いも弱く劣っている、と言われた。そしてまた、有るとか無いとか、足るとか足らんとか、損する得する、好きだ嫌いだと相対的な比較することばかり思うておる。広大な絶対な世界を見る眼がないものだから、小さな眼先のことばかり思うておる。だから諸仏如来は、いろいろな方便をもって導いてくださる。褒めたり、叱ったり、いろいろなてだてをもって広いお心で導いてくださる。お釈迦さまには方便として何をやっておっても、とどのつまりは本当の道、正しい道をゆくという確信があってのお言葉である。

凡夫と凡夫、人と人のふれあいは、大地を掘っていくと地球の向うの地表に出る。自分の足許と同じ地表である。私の足許と向うの地表と同じであり、最も深い所でお互いはふれあっているのである。

「横川法語《よかわほうご》」に源信は、「妄念はもとより凡夫の地体なり。妄念のほかに別に心は無きなり」と凡夫を規定された。

人間とは何かということである。妄念・妄想・愚昧・無知のほかに心はないのが凡夫。

貪瞋痴の三毒の凡夫と言ってもよい。煩悩具足の凡夫と言ってもよいのである。

他人に世間知らずとか、田舎ものとか言う人がいる。いかにもわかったような顔をしているが、三毒の煩悩の渦中の外にいるとでも言うのだろう。

人の振り見て我が振り直せと言う。逆ではない。やはり人を見てから自分を見ると言ったらよかろう。

対象認識から主体の内省へ。

目が外を向いているように、自分で自分は容易に見えないものである。これが凡夫である。だから人に見てもらっているのであり、凡夫の救済は聞くほかにないのである。

「と、云々」

『歎異抄』各条の末尾に「と、云々」とある。その云々が大事といわれたのは暁烏《あけがらす》敏《はや》師である。「云々」とあるのは、長い話のなかから、特に耳に残った部分を書き留めた、各条の言葉であるということである。

悪をもおそるべからず、弥陀の本願をさまたぐるほどの悪なきがゆへにと、云々。（第一条）

念仏をとりて信じたてまつらんとも、またすてんとも、面々の御はからひなりと、云々。（第二条）

念仏まうすのみぞ、すえとをりたる大慈悲心にてさふらふべきと、云々。（第四条）

いづれの業苦にしづめりとも、神通方便をもて、まづ有縁を度すべきなりと、云々。（第五条）

自然のことはりにあひかなはば仏恩をもしり、また師の恩をもしるべきなりと、云々。（第六条）

諸善をもよぶことなきゆへに無礙の一道なりと、云々。（第七条）

自力をはなれたるゆへに、行者のためには非行、非善なりと、云々。（第八条）

いそぎ浄土へもまいりたくさふらはんには、煩悩なきやらんと、あやしくさふらひなましと、云々。（第九条）

歎異抄《たんにしょう》

親鸞滅後、弟子唯円《ゆいえん》が、親鸞から繰り返し耳にした、師の言葉とその受け取り方に異なる人たちが出て来たので、その異を歎いた言葉の二方面から構成された、真宗の安心と他力本願の真髄が和文によって解かれた唯円の著書である。

貧《ひん》を学ぶ

日本本来の美は、簡素の美であり、貧の味わいである。

貧を学ぶとは、けちになったり、しみったれたり、貧乏臭くなるというのではない。

道元禅師曰く「学道は、先づ須《すべか》らく貧《ひん》を学すべし、名をすて利をすて、一切諂《へつら》うことなく、万事投げすつれば、必ずよき道人となるなり」と。

魔境止まるべからずとは、富に向かう心を恥ずべしということであり、仏道を第一とす。

世に貧富の差ありという。世間は富のみを学び求め、この世の肯定に止まり、物欲の執着は他を疑い争いの道となる。貧を学ぶは、この世を超える道を学び求めることである。また、物に対する拘束・束縛に背を向けることであり、調和の道である。

私は食事をしているときに、歴史上の人物は何を召し上がっておられたのだろうかと思ったりする。釈尊は托鉢で与えられたもので、飢えとの戦いを生きられたのである。信者の捧げる豚の中毒で、八十のご教化の歩みを止められたと仏伝にあると聞いたが、托鉢の日々に与えられし何を召し上がっておられたのであろうかと思ったりする。

表は聖者の如くして、裏では色情に溺れる出家者もあった。親鸞は自己の本心に背くことなく肉食妻帯を実現せんとして、破戒僧と石もて追われても、その実現の道は動じなかった。その親鸞の日々は何を召し上がっておられただろうかと、ふと思いに耽ることがある。

道に迷った旅人がすれ違いの若者に道を尋ねた。わかりにくいので若者は途中まで案内したが、そこは膝まで没するほどのぬかるみであったので、若者はぬかるみの上に伏せて言った。私の背中の上を渡られよ、と。その若者は釈尊の前身であったと「本生譚《ほんしようたん》」は語っている。

若者はこの旅人が何人であるかを尋ねなかった。若者はいかなる人といえども救うという仏心が働いていたのだ。身を伏せるとは、富める者の行持《ぎようじ》にあらず、利益衆生の行に一片の身心を献げられたのである。

出家者の衣は糞掃衣《ふんぞうえ》、食は托鉢による乞食、住は樹下坐で雨風を凌ぐ。

糞掃衣は雨風にさらされた経かたびらを拾い、よきところのみを綴り合せて衣とせられた。そんなもの誰も欲しない。それを浄衣《じようえ》という。食は一日一食、托鉢は無言にして、家々の前に立ち与えられるままを拝まれた。乞食の釈尊には、うまいとか、うまくないとか言っている暇はなかった。住は雨風を凌ぐに足る樹下を坐とし、頭北面西に横臥せられた。正に随所に主となるである。

釈尊の生涯は素足の歩行であり、一歩一歩陥下四寸であったという。

雨風の日、托鉢はなく弟子たちは各々の身の廻りの仕事をしていた。弟子のなかに盲たる者あって、衣の縫いに難渋していた。彼は叫んだ。誰か我に助けを与え給えと。誰も近よる者はなかった。すると、その功徳を私にくださいと近よられたのは釈尊であった。

開祖にして、ひたすらに道を行じた人々、富めるものあるを聞かぬ。

浄衣とは何か。糞掃衣を浄衣という。それは人が見ても、そんな汚いものは欲しくない。人の心に欲心という汚れた心を引き起こさせないから浄衣と言う。

人のおしゃれを見て、すてき、似合うとか誉めてはいるが、内心はとんでもないことを思っていたりする。

日本の家庭では、命日と誕生日を大事にしてきたが、最近は誕生日の祝いが中心になって、亡き人を偲ぶ心が薄らぎ、命日の方が従になって来ている。その証拠に、誕生祝いでは賑やかなご馳走や豪華な花や、ケーキが飾られるが、命日は忘れられたり、思い出しても花やお供えは、お義理で安物でいこうという傾向のようである。

命日を精進日と言って、肉や魚貝類を食さないという厳しい戒

を守ってきたのが仏教徒であったが、魚肉を食さないのは形式的なもので、精進とは、布施、持戒、忍辱、精進、禅定、智慧の六度の行のことなので、魚肉を食さないことではないと、今日、寺も仏教徒も自由気儘である。それはまた命日への感覚、畏敬の念が疎遠になりつつあるという現象のようにも感ぜられる。

命日を精進日といってきたのは、亡き人々が生死を過度せられ、ご苦労をされたことを通して、拝む心の尊さを我々に育てていただくのである。富のみを求めて物欲に狂い、誕生祝いに高額なプレゼントを、幼い子に贈る親もいるだろう。やがて自らを損ない他を損なわしめて、貧の尊さを知らぬため、道を踏み外して恥じる心も失ってしまう。

命日を精進日として受け取ってきたのは、釈尊の最低限の生活の行持を学び、生命の尊さを大切にしようという心が、魚肉を食しないという精進料理の出現になったのではなかろうか。

道元禅師曰く、「布施というは、不貪なり。不貪というは、貪《むさぼ》らざるなり。貪《むさぼ》らずというは、世のなかにいうへつらわざるなり」と。へつらうとは、物質への屈従であり、布施とは物質からの解放である。

出家者

現代でも出家者というが、釈尊のような出家者は一人もいないだろう。出家も形式的というか、表向きで、内実は在家そのものである。宗教の世界には形式があってはならない。形式のあるところ宗教なしと言うべきである。形式は固定である。法とはさらさらと浅瀬を流れる水のような無常法である。また真理は転化そのものである。

マガダ国の王舎城の近くに祇園精舎があった。そこに釈尊と多くの弟子たちが集まっていた。精舎には何もなかった。内陣を作り、本尊を安置し、礼拝勤行せんがための道場ではなかった。雨露を凌ぐためにあったのである。祇園精舎が寺院の始めだなぞはとんでもない話である。そこは、固定のない自由奔放な対話の場所であった。その対話は人間理想の探求であり、生命の伸々とした、強制や圧迫のない、思う存分の日常生活を通しての探求の場所であったのである。

自由無碍

明治の親鸞と崇められし清沢満之師の、浩々洞《こうこうどう》の道場における求道は、対話のほかは用なきことであった。

弟子たちが、社会は金だ、いやパンだと論争しているとき、師は金だよと言われる。後日また、いやパンだ、金だと論争していると、師はパンだと言われる。弟子たちは、先生、一体どちらが大切ですかと問う。師は固定的結論を持たれないし、許されなかった。弟子たちの主張をつぎからつぎと潰してゆくことだけをせられたという。

説話の内容を記憶することは第一義ではなかったのである。そういえば弟子の暁烏敏師は自分の講演のメモをとるのを好まれなかった。

お茶に遊ぶ

お茶に遊ぶ

茶杓との出合い

名古屋市の徳川美術館の旧館に、併設の新館が竣工した。その記念に名品展が開催されたので、出かけて行ったときのことである。

そのときの印象が今でも鮮明に残っているほどに目に止まったのが、利休最期に際し、古田織部に形見として削ったと伝えられている、銘は「泪」の茶杓《ちゃしゃく》である。茶杓のなかでも最も有名な作である。茶杓を入れる筒は古田織部の追筒《おいづつ》で、筒のなかほどに方形の窓をあけ、そのなかに白竹の一本樋《ひ》で控え目な蟻腰の、静かな雰囲気の茶杓を入れていた。爾来、古田織部は茶杓を利休と見立てて朝夕礼拝していたとも言い伝えられている。ここでは茶杓自体が茶人の象徴であり、即人格として受け止められている。

私にも茶杓には深い思い出がある。それは安元宗文《やすもとそうぶん》女史の自宅でのことである。女史は私の茶の湯の先生である。閨秀《けいしゅう》の先生も、一人暮らしのせいか人恋うる心が強く、人と話すのがお好きのようであったが、今は亡き人である。

指導は厳しくても、教え方に品があった。私が寺の住職であるので、いろいろと気を遣い、弟子の私に「廣琳寺さん」と寺号で呼ばれていた。お点前の稽古は教えるが、お茶の心、仏の心を教えてくださいと、謙虚な方であった。

本部より業躰《ぎょうてい》（内弟子）を迎えての裏千家茶道研修会が、久留米市の旧久米屋で開催されたときのことである。業躰から、茶事を積極的にやってもらいたいなど、茶事についての話があり、また質問のある人はと聞かれたが質問はなかった。

その後日の稽古の日であった。先日の研修日ははらはらしていたと先生は言われた。私は小寄せ大寄せの茶会はやっているが、茶事らしい茶事は二、三回しかやっていないし、私が茶事とは何かと質問でもしたら、師匠である女史が恥をかくのだと思ったら、講話中気が気でなかったと言うのである。それほどまでに思われた茶事のことである。それでは積極的に茶事に取り組むほかはない。早速自宅に茶室を作りたいと相談すると、一緒に久留米市内の茶室を見学しようと自ら申し出られ、茶室のできるのを楽しみにしてくださった。本当に真面目な先生だなあと思った。

点前の稽古では指先の動きが特に厳しかった。小指が離れているとよく注意を受けたが、自然に五指が点前中揃うまでに四、五年はかかったろう。ある社中が茶杓をかたくなに持っていたので、その持ち方を「爪が立っていますよ」と注意された。その悪い持ち方とは、帛紗《ふくさ》で茶杓を拭くときとか、茶杓を持って棗《なつめ》を取ろうとするときなど、茶杓をそうっと親指と人さし指で持てばよいのに、落しはしないかと強く持つと、犬や猫が爪を立てて土や柱や畳を掻きたてているのに似て、しかも攻撃的で品がないと言われるのである。

この話を聞いた私は、今でも保育園の園長をしているので、保育士たちに、子どもの手を握るときなど、爪を立てる握り方、手の引き方は、子どもに不安感を与えることになると、茶杓の例をもって厳しく話している。

このように、稽古では心の指導をされていた。

また、座右には『茶道美術鑑賞辞典』（池田巌・小池栄一他編著、淡交社）が常にあった。稽古が終わり水屋の後片づけのときは、私は先生と茶道具や茶の湯の歴史、茶道具などについて話を弾ませていた。

十二月のその年も最終の稽古のときであった。亭主の私が道具を拝見に出し、道具が戻ったので尋ねに答えていた。

「お茶杓のご銘は」

「臘扇《ろうせん》でございます」

稽古が終わり席へ戻ると、先生は、先の茶杓の銘はどういう意味ですかと尋ねられた。

「臘月の扇ということです」

「初めて聞きました」

「そうですか」

「訳を教えてください」

「臘月とは陰暦の十二月でしょう。寒い月の扇です。必要ないですね。持っても邪魔になるだけです。自分という存在は邪魔にこそなれ、何の役にも立たないという徹底謙虚の言葉なのです」

「ありがとうございました。いい言葉ですね。忘れないうちにノートに書いておきましょう」

感動したことや、必要なこと、大事なことは「忘備録」に書いていると言っておられた。

明治時代に清沢満之という名僧が活躍されていたが、少欲知足であって、自らを臘扇と号されていたことも詳しく話したことを覚えている。

そんな話をした後、先生の身に思いがけないことが起きた。女性の身で一人暮らしの家で、一月中旬に急逝されたのである。

後日、稽古場の整理のため社中が集まったときのことである。先生の「忘備録」には、「廣琳寺さんから臘扇について話を聞いた」ということがノートの最後を飾っていたと聞いて、あの三週間前の暮れの日のことかと、改めて先生の几帳面さには恐縮したものである。

その後、社中は笠野宗由女史が引き継ぎ指導に当っておられる。この先生も点前の稽古だけでなく、茶事を通して茶の心、仏道を習うことを大事に求められる先生である。

最近（二〇〇三年）、我が家の茶室で茶事に用いた茶杓は三本である。玄々斉共筒、銘は「屋乃人」であり、他の二本は、大亀和尚に銘をご依頼した。しかし師は百歳を越しておられるのでどうだろうかと不安ではあったが、見事な朱色の蓋に「寿」と金文字で書かれた外箱に入ったものが届けられた。銘は「汝自当知」と「地獄一定」である。

床の間

第二次世界大戦に敗れると、アメリカの駐留軍が上陸してきた。空襲を免れた大都市周辺の住宅地の高級住宅は、米兵の居住地として、強制的に提供を余儀なくされた。

生活習慣や伝統文化の相違だけでなく、日本文化に疎い米兵将校たち家族が、一時的ではあるが住宅として、高級な日本家屋で生活を始めた。

簡素で、白木のよさ、檜木造り住宅のよさも、異文化の人にとっては、地味で不便極まりなき建造物であろう。知らぬが仏とはこのことだろうか。柱や壁などにカラフルなペンキを着色した。笑うに笑えない滑稽なことが、あちこちの日本家屋で起きていた。そのなかでも最たるものが、床の間の受難である。合理主義の彼らにとっては、床の間は無用の長物に見えたのだろう。さっさとベッドを置いてしまった。これらの住宅は一般の家屋と違い、想像以上の見事な床の間であったろうと思われる。その床の間にベッドが置かれるとは、当時の日本人の知識では誰が想像したであろうか。

そうした文化の違いも、次第に理解され、その話題も次第に消えていった。

生活が安定線上を走り始めると、日本人自身のなかにも変化が生じてきた。本格的な木造の日本家屋に住みたいという憧れを持つ人が出てきた。建築ブームがやって来た。それに伴い、松のある日本庭園の造園ブームが広まった。ところが多額の金を投資して建てたものの、住んでみると、見ると住むとの大違い、また維持の難しさを知った。

家庭は核家族化へと世相も変化し、若者のなかに合理的な欧米風の家を好む者も多くなった。食を変え、衣を変え、住を変え、やがて日本人の心が失われていくのではないかと危惧されるようになった。

日本ほど建築様式が多種であり、多様化の激しい自由な国は、外国には例を見ないようである。合理化のなかで無用の長物とやり玉に挙げられたのは床の間だろう。日本人の心の象徴であった床の間が次第に姿を消す時代になった。床の間は長い歴史のなかで、日本人の心に敬いの心を育ててきた場所である。同時に畳が運命を共にしているが、床のある家での生活も、床はあっても無きにひとしい状態である。

寺院や料亭などは、床を中心とした日常生活空間である。特に日本伝統文化のなかで、床と畳が絶対に切り離せないのが茶室である。

その茶室には多くの種類の床がある。思い出すまま書いてみると、洞床《ほらどこ》、塗り廻し床、桝床、土床、釣床、板床、蹴込床、壁床、踏込床、袋床、原叟床《げんそうどこ》、織部床、置床、室床などがある。

この床すべてに軸物をかけたり、花入に花を活け置いたり、壁にかけたりする。また香合を飾る場合もある。床の前は上座といって、客数を問わずとも師長の人やそれらしい人が坐るような約束事になっている。軸に一礼することも伝承されてきた。今や、その床が物置になり、いつ活けられたのか花器の花は枯れてしまった。

もう床はあっても、なくても、必要ではないというのが一般家庭の現状かも知れない。

現代の新築家屋は始めから、設置理由の不明確な、活用不能なものは廃止されてしまうことになる。代表的な日本文化よ、さようならである。それは同時に人や物への崇敬の心も捨てていくようで寂慮な思いになる。面倒なことや、よい習慣も、古いというだけで捨ててしまう感覚が信じられない。

床の活かされている家庭の場合、人と人との接し方がよい。床を最上の場所として、粗相のないよう、床を中心にした人間関係を作りながら崇敬の心を養っていくのである。だとすると床の間という空間は過去の古いものではなく、人間関係において大事な礼の本《もと》を教えようとしている厳粛な場所ともいえる。

床は本来は墨跡をかけ、花を活けて、礼拝合掌する空間として光を放っていたはずである。それに代わるものとして現代建築も、色々な工夫が個性的に試されているのだろう。それもまた、面白い空間の出現となって人々の心を癒し続けていくことになれば幸いである。

もてなしの伝統

私が仕事のため度々上京していた四十代のころ、姪が西本願寺の宗務所に勤務していたので是非参拝するよう、幾度となく電話を受けていた。それは実は参拝の他に、自分の勤務している事務室が特別な場所でもあったからだ。

大正時代、日本一の美貌の人とたたえられた九條武子は、明治四十二年（一九〇九）に九條貞致と結婚はしたが、夫はイギリスへ留学した。十年ほどして帰国はしても名のみの夫婦として、淋しく孤独の生活を送っておられたときの住居であったと言われているのが、その事務室である。

西本願寺の奥まったところに、洋風の錦華殿《きんかでん》のあったほとりの一棟の家に、ただ一人で起居されていたらしい。錦華殿のうちでピアノを友とし、画筆に親しまれ、また折々の歌を数百首詠まれたという。法の道を広めんと仏教婦人会の本部の置かれたのもこの錦華殿であったとも聞いている。

私は東本願寺の門徒として、上京のたびに東本願寺へは参拝しているが、西本願寺へはなかなかご縁がなかった。姪の誘引によって紅葉にはまだ早い秋のある日、西本願寺を参拝した。宗務所を訪ねると姪は非常に喜んで、本願寺内を案内してくれた。現在は、書院などが国宝指定になったため、簡単に拝観は許されない。

九條武子ゆかりの錦華殿内の事務室に入ると、事務机が三机とアンティーク風の長椅子などが所狭しと置かれていた。武子愛用の椅子であったらしい。

あの有名な白髪の老人も若い記者時代によく来てはこの椅子に寝そべっていたと、姪は話していた。

床の壁面や襖には芙蓉の墨絵が描かれていたので「芙蓉の間」と呼ばれていたという。そんな部屋を事務室にしておくのは勿体ない。どうしてこんな使い方をするのかと聞いたが、若い雇われの身にはわからないと言うだけである。

それから三十年後のその部屋は、どうなっているのかと時々思っていたが、NHKテレビで九條武子特集があり、放映のなかできれいに保存されていた錦華殿とほとりの一棟の家を見てほっとした。しかしそれも数年前のことであり、今日ではどうなっているだろうか。最近、西本願寺に参拝し、宗務所で錦華殿についてお尋ねしたが、詳細な返答は聞かれなかった。

武子が福祉養護施設「六華園」を建設し、園長となり、あの美貌から想像もつかぬ、多忙さに身をこなしてゆく姿は、衆目を集めていた。そんななかで歌を詠み、花道に絵画にと多趣味である彼女だが、その彼女のなかで茶の湯はどうなっていたかを知りたくなり、武子について書いてみたくなったのである。

茶の湯については、藪内竹翠《やぶのうちちくすい》に師事している。少女時代、多趣味の稽古のなかでも茶の湯に最も興味を持っていたことを『無憂華』（実業之日本社）に書いている。成人になってからの茶の湯には、会場を極めて楽しくするよう努めていたと言われている。その楽しむ武子の亭主ぶりには、むしろ数寄者の風格が漂っていたらしい。そうした彼女の人々への饗し方はまめまめしく、その心づくしの姿に好感を深めていくことになる。それは、父である二十一世光尊の精神的影響の強さは勿論ではあるが、西本願寺のなかでも、女性にしぼって茶の湯を観察することによって、武子の行動の奥が見えてくるのではなかろうか。

茶と仏教といえば、茶と禅が定番になっている。だが、そうとばかりは決められないのではないだろうか。富山地方のバタバタ茶もまた、浄土真宗の蓮如忌や女人講の行事の恒例化によるものと言われている。仏教と茶の湯の関係については、その道の専門家にまかせるとしよう。

また、茶の湯は男性のものとして伝承されてきたが、明治維新は茶の湯を衰退へと導いた。そういう状況のなか、京都の南座で上演された『桜時雨』は、吉野太夫と茶の湯の世界が展開されたが、見事な舞台であり、これが大衆、なかでも女性が茶の湯へ関心を持つ機会となり、次第に復活の兆しを見せ始めた。

封建社会のなかでは、女性は武家の娘とか恵まれた環境の娘とか、吉野太夫のような立場以外では茶の湯とは縁薄き感もあるが、もしかしたら九條武子の出現は本願寺の歴史のなかでも、女性と茶の湯の歴史の深さを物語っているのではないかと思われた。そうして、資料を集めていたとき、籠谷真智子著の『女性と茶の湯』（淡交社）に出合った。そこには、西本願寺の十三世良知の裏方と茶の湯について書かれていた。その裏方は梅宮といった。

梅宮は八条宮家の長女として誕生し、成人して本願寺へ嫁したのである。彼女の父、兄は桂離宮を営んだ親王としても有名であり、最近のＮＨＫのテレビ番組「国宝と西本願寺」では、本願寺の書院や茶室の造営と桂離宮《かつらりきゅう》とが深く影響しあっていたことが報ぜられ、梅宮もまた、そうした環境のなかで女性グループの茶会などを催していたという記録がある。よほど茶の湯が好きであったとみえて、病がちの身ではあったが、努めて茶会には出席するようにしていたようである。

時代を遡り慶寿院が紹介されている。十世円如の裏方である。その慶寿院は八世蓮如の孫であり、夫はいとこにあたる。二人は蓮如の孫夫婦で、十六、七歳の若さで（一五〇八年ごろ）裏方となる。円如の逝去ののち、子の証如は十歳で十一世を継ぎ、成人すると証如も、母慶寿院ともども茶の湯の愛好者となっていった。当時の寺侍たちのなかにも、茶人が多くいたようである。

籠谷真智子女史は、証如時代、石山本願寺内の茶の湯の盛況は曾祖父蓮如の茶事のすすめに拠るところが多いと言っている。茶道史上の有名な人々が本願寺の茶の湯に登場するため、本願寺の茶の湯は格式性の強いものという偏見を招きそうだが、楽しく遊ぶ酒茶会も大いに催されている。そして、その亭主をよく務めたのが慶寿院であったとも述べていた。

蓮如のすすめるもてなしの心は慶寿院へ伝わり、慶寿院から梅宮へと流れ流れて、やがては武子へと滲透して、あの情熱的大衆救済の活動となったのだと納得がいく。一方では藪内流が生れて、蓮如のもてなしの心がここにも息づいているのである。

今日、親鸞教学はよく研究され、深められてきた。しかし、果して人と人との関わりとぬくもりはどうだろう。蓮如のすすめるもてなしの心が大衆に生かされ続くことを念ずるのみである。

ここに「蓮如上人御一代聞書三百十六ケ条」のなかから、蓮如のおもてなしの世界を数カ条抜粋し味わってみよう。

「仏法をあるじとし、世間を客人とせよ」といえり。「仏法のうえより世間のことは、時にしたがい、相はたらく事なり」と云々。

蓮如上人、あるいは、人に御酒をも下され、物をも下されて、かようの事、ありがたく存じ候《そうら》いて、近づけさせられ候いて、仏法を御きかせ候。されば、かように物を下され候う事も、信をとらせらるべきためと思し召せば、報謝と思し召し候う由、仰せられ候うと云々。

信をえたらば同行に、あらく物も申すまじきなり、心和らぐべきなり、触光柔軟の願あり。また、信なければ我になりて、詞もあらく、諍いも必ず出来するなり。あさまし。能く能く、こころうべしと云々。

御門徒衆、上洛候えば、前々住上人仰せられ候う。寒天には、御酒等のかんをよくさせて「路次のさむさをも忘れられ候う様に」と仰せられ候う。また炎天の時は「酒などひやせ」と仰せられ候う。

茶事　降誕会

私は、両足の膝の関節に痛みを覚えて二十年以上になった。坐った点前が難しくなったので、もう茶事は駄目とまで思ったが、「なごみ」で立礼のお茶事の記事を読んで、ああそうだ、これで行こうと、立礼席専用の茶室を計画した。しかし、私有の空地があったので、木造平屋造りの小さな茶室を計画したものの、不安になり、裏千家の淡交社出版部へ直接手紙で相談すると、丁寧な返事をいただき、何とか茶事ができる茶室の完成を見ることができた。

早速点茶盤によるささやかな茶事を催した。それから立礼の茶事を二十回近く催している。四畳半の「無忤庵《むぐあん》」の茶事と併せると六十回以上になろう。毎回の失敗で、ただ恥をかくためにやっているようなものである。それにも関わらず今度こそはと、集中力を働かせるが、何かが抜ける。この身の愚かさをしみじみと知らされるばかりである。それでも懲りずに六十四回目の茶事を催すため、五人の客へ案内状を発送してしまった。

今度の茶事は釈尊の降誕会の慶讃茶事でもてなしをすることにした。釈尊の三大法会とは、四月八日の降誕会（花まつり）、十二月八日の成道会、二月十五日の涅槃会である。仏教と外道との教理を識別するのに三法印がある。

諸行無常
諸法無我
涅槃寂静
まず、その一つの「諸行無常」を待合にしつらい、客を待つことにする。
釈尊は「無常」について、簡素で直観的につぎのように教えられた。

釈尊は道傍に立つと、自分の手の指の爪を示して、弟子に尋ねられた。私の爪はきれいであるか、それとも汚いかと。弟子は答えた。いや、真珠のような、桜貝のような、清らかに、美しい爪でありますと、すると釈尊はその道路上にあった牛の糞をその爪でかきとられた。そしてそれを示して、私の爪はきれいであるかと尋ねられた。弟子は答えた。いや、先程まであんなに美しかったあなたの爪も、今は牛糞に汚されて、まことに汚いことであります。――このように一切は無常であると。(『中阿含牛糞喩経』、『毎田周一全集』より)

それでは、待合を簡素で直観的にどう表現するか思案していると、浮かんできたのが、住吉宏尚筆の春秋の双幅の軸物である。即座に決定。春の幅は、広い野原の松の木の向うに細身の桜の木が見える。見頃のようである。

古歌に「明日ありとおもふ心のあだ桜夜半に嵐のふかぬものかは」がある。秋の幅は、野山に雁行の姿が描かれている。「子らはまだ見ゆると指せる雁の棹」という句がある。長い秋の終わりを感じる。

床の中央に散華《さんげ》を数枚散らした華籠皿《けござら》を供え、皿の赤・白・青の三本の紐を流水に見立てたが、果してお客が『方丈記』の「ゆく河の流れは絶えずして、しかももとの水にあらず、よどみに浮かぶうたかたは、かつ消え、かつ結びて、久しくとどまりたる例《ためし》なし、世のなかにある人と栖《すみか》と、またかくの如し」と無常感を感じてもらえるだろうか。ただ願うばかりである。

茶事の日を迎えた。いつになくよい天気である。春うららかな四月七日正午、一日早い降誕会、案内の定刻通り席入りである。鈍く板木が五つ鳴った。半東《はんとう》（亭主のお手伝いをする役）は甘茶の入った汲出しを運び、挨拶をした。客は外露地から内露地を通り、「以礼庵」へと飛石を伝う。本席の床には、前の大徳寺管長・浩明老師の墨跡で、扇面に「龖龍明珠を吐く」と書かれた軸を掛け、床の上には、水盤のなかに誕生仏を安置した。誕生仏の頭より注いだ甘茶が水盤を静かに張っている。九匹の龍が天から清浄水を注いで、産湯をつかわせたという故事にならって甘茶をかけるようになったという。

誕生仏について「大無量寿経」ではつぎの如く語られている。

右脇より生じて行くこと七歩を現ず、光明顕曜にして普く十方を照らし、無量の仏土六種に震動す。声を挙げて自ら称う。吾当に世に於て無上尊となるべしと、釈梵奉《しゃくぼんほう》持《じ》し、夫人帰仰す。

この呱々《ここ》の声は「天上天下唯我独尊」として有名であるが、誤解が多い。我こそは偉い者だ、尊い者だと相対的に述べられたのではなく、自分はこの世にあって最高、唯一の道を生きるのだという宣言であり、そこで上は支配者から下は地上の人々に至るまで、この一人子の誕生を喜んだというのである。

例のごとく挨拶も終り、粗飯を運ぶ。陰陽を交えながら、なごやかなうちに湯桶と香の物となり、食事の済んだという箸の落される音を聞き、挨拶に出る。折敷を引き終ると、更《あらた》めて炭点前の挨拶に出る。炭点前も白檀を焚くところまできた。香合の蓋を閉めると、お香合の拝見である。表完作の一閑張りの香合は梵鐘である。『平家物語』の「祇園精舎の鐘の声、諸行無常の響きあり」、久遠劫より鳴り響き続けているその鐘の音を身近に聞きながらの点前のご縁に出会ったことの幸せをしみじみと味わわせてもらった。

「お香合の拝見を」

所望の声に我に返り、拝見に出す。

この鐘の音をどのように聞かれたのだろうか。地球上で国と国が戦争をし、いまだ地球上から戦争はなくなったことがない。家庭内や社会での暴力・闘争・威嚇・邪淫の様相は年々激化していくことが新聞、テレビなどで報道されている。人間の世の無常と不浄に目ざめてもらいたい。そう鐘の音は響いている。鐘の音を聞きながら、京都の老松の主菓子《おもがし》・芋練りのうすずみを召し上がっていただき、中立ちとなった。

後座の席では、いたどり（別名「虎杖」）の花入に、ゆきもち草を一輪さし供えた。

席入りが終ると濃茶点前である。十代大樋長左エ門造の飴色の茶盌で練る。茶盌の銘は「山路」である。釈尊は山で六年間の苦行、親鸞は比叡の山で二十年の苦行が必要であった。私は山路を登りながら考えた。楽へ楽へと、辛抱することが罪悪かのように逃げようとする現代人にとって、修道の長い茶道との関連はどうなっていくのだろうかと。

続き薄茶の所望を受けた。点前を半東にお願いした。花御堂の主茶盌、替は水無月窯芳哉造の花に流水の絵茶盌でもてなす。隅田川窯の花御堂に描かれている御堂は、離宮の藍毘尼林をかたどったのが花御堂になったのだという。

桜皮の干菓子器に、嵯峨十景の落雁に生砂糖の桜花びらをあしらった。前座・後座とも、さくら・さくらと重複してしまった。しかし、「花の八重おも」といわれているので、この取り合せもそううるさくはないようである。

薄茶も一巡し、主茶盌が戻ると仕舞の挨拶を受け、仕舞となり、水指の蓋が閉まった。

正客「お茶杓、お棗の拝見を」

先に茶入・仕覆の拝見は請われているので、茶杓・棗と拝見に出す。連客の拝見が終り、定座に返されたら、亭主は、ころを見はからって、道具の正面へ坐る。正客は一礼ののち道具についてお尋ねである。

正客「お茶入の窯元はどちらで」

亭主「高取の楽山でございます」

正客「お形は肩衝でございますか」

亭主「さようでございます」
正客「何かご銘でも」
亭主「別にございません」
正客「お茶杓のお作は」
亭主「大亀老師でございます」
正客「何かご銘でも」
亭主「『地獄一定』でございます」
正客「『地獄』ですか」
亭主「さようでございます。私の人生は締めて地獄行きです」
正客「お仕覆《しふく》のお裂地《きれじ》は」
亭主「鶏頭段文です」
正客「お棗のお形は」
亭主「利休形中棗でございます」
正客「お塗師は」
亭主「獏斉《ばくさい》です。七代宗哲でございます」
正客「ご銘でも」

亭主「『再来』でございます」
正客「『再来』でございますか」
亭主「さようでございます。獏斉の作の棗と利休所持の幻の棗が酷似していたので『再来』の銘がつけられたと伝え聞いております」
正客「花まつりに因んだ、お心いれのお取り合せによって、お釈迦さまのお慈悲のお恵みをいただき、この上ない幸せでございました。どうもありがとうございました」

うららかな春の日の茶事も無事に終り。打ち水された露地の客の後ろ姿を無言で見送りができ、仏恩の深さを味わいながら水屋へ戻った。
「早朝より水屋の方々、おつかれでございました。おかげさまで無事終わることができました。本当にありがとうございました」と挨拶が終るとき、すうっと肩の力の抜けていくのが感ぜられる。やはり肩に力が入っていたのだ。茶事百会といわれているが、いや二百会だろう。

大事なお尋ねのあったことを書き忘れていた。それは皆具《かいぐ》と呼ばれる、水指《みずさし》・杓立《しゃくたて》・建水《けんすい》・蓋置《ふたおき》についてである。

正客「皆具の模様は子どもたちですか」
亭主「さようでございます。唐子のようです」
正客「随分描いてあるようですが、全部で何人いますか」
亭主「唐子が三十二人描かれています」
正客「三十二人ということに、何か意味がございますか」
亭主「そうですね、帛紗《ふくさ》を真に折るのは仏の三十二相を折り、仏から塵を払っていただくのだと聞いております。私の勝手な解釈ですが、仏が子どもの姿となって、垢まみれの、不浄な大人たちを救わんがため、童心に返れとのご来化の世界が描かれているのだと思っています」
正客「ありがたいお話をありがとうございました」

三十二相について「観無量寿経」には、「諸仏如来は是れ法界の身なり、一切衆生の心想の中に入りたまへり、是の故に汝等心に仏を想ふとき、是の心即ち是れ三十二相八十随形好なり、是の心作仏す、是の心是れ仏なり」とある。心のなかに仏が住んでいらっしゃると言われるのである。それは私たちの身体中に満ち満ちていてくださるのである。ひいては大地を踏むのも如来の御身を踏むことになり、食物を食べているのは、如来の御身を食べておることになるのではなかろうか。そうした厳しい自覚が人を敬い、仏への報恩謝徳の礼拝となるのである。

三十二相八十随形好は、インド人の人相観からきている。心に仏を想うとき、全世界を我が身体となしてくださる仏を静かに念じていく、その心が三十二相八十随形好である。仏の尊い姿が三十二揃うており、更にその相を八十に細かく分けて説かれている。三十二相を具体的に述べるとつぎの如くである。

一、足下安平立相　足の裏に凹処なし。
二、足下千幅輪相　足下に輪形あり。
三、手指鐵長相　手指細長し。
四、手足柔軟相　手足柔らかし。
五、手足縵網相　手足共其指間に縵網ありて交互連絡す。
六、足跟満足相　踵は円にして凹処なし。
七、足趺高相　足背高起して円満なり。
八、瑞如鹿王相　瑞肉繊円なること鹿王の如し。
九、手過膝相　手長くして膝を過ぐ。

十、馬陰蔵相　男根体肉に密蔵すること馬陰の如し。
十一、身縦広相　頭足の高さと両手を張りし長さと斉し。
十二、毛孔生青色相　一々の毛穴より青色の一毛を生ず。
十三、身毛上靡相　身毛の頭右旋し上に向いて偃伏す。
十四、身金色相　身体の色金色の如し。
十五、常光一丈相　身より光を放つこと四面各一丈なり。
十六、皮膚細滑相　皮膚軟滑なり。
十七、七処平満相　両足下両掌両肩幷に頂中の七処皆平満なり。
十八、両腋満相　腋下十満す。
十九、身如獅子相　身体平生威儀厳粛獅子王の如し。
二十、身端直相　身形端正なり。
二十一、肩円満相　両肩円満にして豊腴なり。
二十二、四十歯相　四十歯具足す。
二十三、歯白斉密相　四十歯比白浄にして堅密なり。
二十四、四牙白浄相　四牙最も白くして大なり。
二十五、頬車如頸子相　両頬隆満獅子の頬の如し。

二十六、咽中津液得上味相　咽喉中常に津液あり。食する物これが為に上味を得。
二十七、広長舌相　舌広くして長く柔軟にして細薄之を展れば面を覆いて髪の際に至る。
二十八、梵音深遠相　音色清浄にして遠く聞ゆ。
二十九、眼色如紺青相　眼色は紺青の如し。
三十、睫如牛王相　眼の殊勝なること牛王の如し。
三十一、眉間白毫相　両眉の間に白毫あり、右施して常に光を放つ。
三十二、頂成肉髻相　頂上に肉あり、隆起して髻の形をなす。

（『佛教辞典』、大東文化社）

『歎異抄』第二十五条には、三十二相について、つぎの如く述べられている。

この身をもってさとりをひらくとそうろうなるひと、釈尊のごとく種々の応化の身をも現じ、三十二相八十随形好をも具足して、説法利益そうろうにや。これをこそ、今生にさとりをひらく本とはもうしそうらえ。

もし、この身をもって悟りを開くという人は、釈尊のごとく同じように衆生の望んでいること、要求していることに応じて、姿を三十二相八十随形好の特徴をもって、衆生に思う通りに説法し、お救いになるはずだと言われるのである。しかも、悟れば釈尊と同じになるはずだけれども、凡夫はそうはいかない。それでは全然駄目かというと駄目ではない。それはどういうことだろう。

ここで三十二相のいくつかをやや詳しく述べてみよう。

釈尊のお悟りの生活のお姿のまず始めは、一の足下安平立相をあげておられる。足の下が安らかで、平らになっている。ぴったりと大地に立っておられる相というのである。浮き足立った生活ではなく、大地のご恩を知り、大地に支えられて一歩一歩を大切に生きておられる相のことである。

つぎに足下千幅輪相《そくげせんふくりんそう》は、または足下二輪相《そくげにりんそう》と言って、足の裏に二つの法輪があることからそのように言われている。釈尊の歩かれた跡には仏の教がしっかりと残っていることを表わす。私の人生の足跡は何だろう。本当に残さねばならないものは何だろう。くだらぬことばかり残してはいないだろうか。仏法聴聞することの大切さを残すことだろう。

二十九の眼色如紺青相《げんしきにょこんせいそう》とは、澄み切った青空のような眼をしておられるということである。我々は煩悩に眼さえぎられて眼が濁っている。きょろきょろとして落ち着かないし、どんよりとして生気がない。

最後に、三十一の眉間白毫相《みけんびゃくごうそう》について述べることにしよう。

この相は、眉間に一本の長い巻き毛が出ている。これは眉間が晴れていることを表わしている。我々はいつも〝そろばん〟を手からはずさず、計算高く、功利的根性から離れられず、絶えず分別し計らいながら生きているので思い通りにならず、常に眉間に皺をよせる。仏の眉間の光に我が身が見抜かれていることに気づき、ただ頭が下がるほかはない。

名残りの茶事　藁灰

名残り、その名残りの茶とは、十月に催すお茶事のこと。口切り以来の茶壺の茶も、残り少なくなってきたその名残りと、開炉を前にして、五月より親しんできた風炉に別れを告げるなど、逝く秋をいと惜しむ心と、重なり合っての茶事となることぐらいは、茶を修める者の常識であろう。

大板、あるいは五行棚に土風炉《とふろ》を据えての、中置きの趣向の名残りの茶事の催された話題はよく耳にもし、招きにあずかってきたが、最も侘びた季といえば、晩秋であろう。その晩秋にこそ、欠風炉や擂鉢での中置きの茶事がふさわしいと言っても、欠風炉のお茶事が催されることは少ないし、招かれることは希である。

私自身も欠風炉での茶事を見送ってきた。今年こそはと、幾度となく思いつつ果さずにきた。その私がついに果したのである。よしあしは別として、であるが。

二文字押切り、その上に藁灰《わらばい》を置く。茶人は茶席のご馳走として賞翫《しょうがん》される。板風炉《いたぶろ》もよい。しかし、灰は炉の灰を使うことが約束になっている。藁灰は思ったよりも意外と簡単にできた。海水の二、三倍濃いめの塩水につけ、それを干し、電子レンジで焼くと見事にできた。むしろ焼くより、釜に敷き並べるのに難渋した。やらねばわからぬものである。それだけに、できたときの喜びは大きい。

灰形は、科学的・合理的に考案され、湯の沸くよう、火のもつように作られている。藁炭もより一層のぬくもりを感ぜしめんがための「はたらき」であろう。後炭を直す作法は、のちの薄茶への用意であり、客が立ち去るときは、釜湯の煮えを盛んにし、松籟のなかに、主人が客に飽きた心のないことを表示せんがための風情である。ゆかしさがそこにある。

千宗室宗匠は、後炭の置き方は、初炭と違い、法則はないと言われている。炭の流れ加減と、後に要する時間によって、どのように置いてもよい、炉の後炭の所望では、清掃して請われたら、客は思うままに炭を置くが、このときは主とは反対に控え目に、これで結構という意志表示で行うことが必要だと言われている。

ある年の夏の夜、茶道具店「よしの園」の社長のご縁で、三田富子女史と夕食を共にした。そこで、「なごみ」にご登場になられる三田富子、佐方宗礼、杉浦澄子の三女史のお茶について、少し考察してみよう。考察といっても肉声を聴いたのは三田女史だけで、他の二女史は著書で写真や記事を読み知った程度のもので、とても実像とは遠いものになろう。お許しください。

三田女史は、お茶事は戦いだと言われる。人と人の心の戦いということをよく言われる。初会見の際も、茶は戦い、機先を制するのだという話をされた。また見立道具の取り合せの妙や、機先を制する精神は、鈴木宗保師匠の影響の大きさであろうと思われる。偏倚宗保の感が強い。

佐方宗礼女史は、世阿弥の「花」の世界が大好きのようである。『茶の湯趣向ともてなし十二カ月』、『茶の湯趣向と彩り十二カ月』（講談社刊）の著書があり、題名にもある「彩り」の言葉からも察せられる「見せるお茶」がお得意のようである。実際に女史のお茶事に招かれたわけでもなし、無責任なことは言えないのだが。

杉浦澄子女史は、陶磁研究家であってまた茶人でもある。唐物・和物の古陶の蒐集も多く、弟子と一緒に歴代の楽茶盌をじっくりと手にとって、実物の印や拝領印を究める勉強を一所懸命に身に叩き込むようにしていると言う。なんと贅沢な話だろうと羨ましい限りである。私も、もっと若かったら、生活費を切り詰めてでも、歴代の楽を集めて多くの人とその作ゆきや作風の変化の訴える侘びの世界を、楽しめたかも知れない。

三人三様の女史について言えることとは、茶事・茶会が点前の披露や道具の自慢のためでなく、利休の「小座敷の茶の湯は、第一仏法をもって修行得道することである」という本質の追究を怠っていないかである。

その三人のなかでも杉浦女史は、親や夫を説得して東大のインド哲学仏教学で仏教の勉強をされたとか。仏教への信はひときわ厚いし、教学も深い。女史の著書の行間から、読者の私に聞こえてくるのは、茶道作法のなかにいのちがない、技能のみに走っていると言われてはならない、それはまた、決して日々の手前の修練を怠ってよいということではないという、女史の声なき声である。

五木寛之さんは、宗教とは、どれだけの本を読んでも駄目で、目覚めた人の肉声や人柄、生活振りに生にふれてこそ伝わるものだと語られた。

それと同じように、どんな名品も、写真集や美術館の展示室のケースのガラス越しに鑑賞しても、手にふれなければ、本当の眼は育たない。やはり、持ってみて初めて、作者の気風が伝わり、眼も磨かれてくる。

私の手元に、楽十二代の弘入の茶盌があるが、手に収めてみると、初代より年代は降るが、不思議と利休と長次郎の出会による溶け合った一つの心の歴史が、この一盌のなかに伝わっている命を否定することはできない。

この弘入の楽で濃茶をと思ったが、赤楽《あからく》である。名残りはやはり黒に限る。数少ない手元のなかから黒楽《くろらく》を選んだ。


かねてからの念願の欠風炉の茶事を名残りの月の正午に催すことにした。

四名の客へ案内状を送った。今さらストップはかけられない。やるしかない。

藁灰は、藁灰という思いに何となく心が重くなっていく。それでも細水指を出したり、茶入や棗との置き合せをしていると、いつしか藁灰のことは忘れている。その忘れしめる道具組の魅力とは何だろうか。


木の葉が秋風に急がれて散っていく風情を見ていると、近づいて来た師走の人の動きに似ているように感じる。大晦日までのあわただしさは、除夜の鐘を境に静かな新年を迎える。大晦日の積極さ、元旦の消極さ、動から静への転換、このような生活の転換性、人生の転換性は、日本人の特質ではなかったのか。しかし、これも時代と共に壊れていく。

季節の変化を重んずる茶道が、十一月の開炉を正月とする意味がよくわかる。花も紅葉も惜しみなく眺められ、名残りを尽くした後には、画帖のスケッチのような線画を見るようだ。樹や枝の交錯する間を木枯らしが過ぎてゆく静けさは、無一物の世界への誘いである。そこには、はや新芽が息づいている。さあ、これからだと、寒さのなかで躍動しているのだ。

その相を仏教は、「諸行は無常である。是れ生滅の法である。生滅を滅し已《おわ》って、寂滅を楽と為す」と言い表している。

茶を点る者の心が、技か無に生かされ、生きるとき、規範や形式を超えて、主客一体、彼我一如の世界に迫り、茶室のなかは和の世界を展開する。真の美の世界が輝く。

淡々斉であったと記憶しているが、弟子の茶杓のさばきを見て、「あなたの心は荒れている。思い上がりが見えている」と指摘されたという話を思い出した。動作は全て精神の表現といわれ、その人の点前を見れば人柄が察知されると言われている。

板木の鳴るのを、今か今かと待つ。板木は鳴った。板木は、客の数だけより、亭主の方へ注意を促すため、大きめの音を二打、カッカッと打ってから、客の数を知らせると助かる。

この二打は、読経前の二打とよく似ている。お経を読誦する場合、鐘をなぜ二打をすることが約束となっているのか。お経は六成就から教が興される。その六とは、如是（信成就）、我聞（聞成就）、一時（時成就）、仏（主成就）、耆闍崛山《ぎしゃくつせん》（処成就）、与大比丘衆《よだいびくしゅう》（衆成就）である。この衆成就とは対告衆、つまり聴聞者が出揃ったということで、いよいよ釈尊の説法が始まるということになる。六成就の合図を二打することで説法が始まる。お客が揃ったというのは、お経の対告衆もお茶事のお客も説法聴聞の世界に入っていくということに違いはない。

待合は寺の広間。床には、平田龍彦画伯の笠画讃を掛ける。山頭火の句である。

山あれば山を観る
雨の日は雨を聴く
春夏秋冬
あしたもよろし
ゆうべもよろし

白湯を飲んだ後は、例の如く外腰掛けへ。外露地の小橋を挟んで無言の総礼。内露地の蹲踞《つくばい》へと向う。外露地には、二百年はなろうかといわれている二メートルくらいの柿の木がある。お客は木守を眺めつつ小橋を渡り、内露地の蹲踞へと向う。

小鳥が柿を啄むので、実にビニール袋を覆っていた。席入りの前、袋を取り除くと、しばらくして遠くで鳥の声。匂いでもしたのだろうか。ほっとした気持ちになった。

初座―― 襖を開いて一礼。「どうぞ、お入りを」。正客よりにじり入る。正客の方へ向く。このときの挨拶だが、亭主が正客より先輩のときは亭主の方から、正客が先輩の場合は正客から挨拶という記事を随分前に読んだ記憶があるが、今は、お客の方が若くても先に挨拶をすることが多いように思う。

本席の床は毎田周一師の「悠」の一行物。「悠」については、毎田周一師の言葉を掲載しよう。


悠々とは我れも自在、彼も自在ということである。何人も何物もその自在において、自づから在るのである。このような自在を悠の一字が示す。しかも決定的なことは、かくならしめるのが転化の真理だということである。転化・無常のそのまゝが悠である。それに加えて悠には、一切を自在の生命あらしめるゆたかさ、ゆるやかさ、寛容が含まれている。悠とは真理の自在を意味する。(『毎田周一全集』)

待合、露地、本席の挨拶の応答も終り、粗飯を差し上げる挨拶をして襖を閉める。

懐席は「寄せ向」で運ぶ。向付をお客同士拝見し合いお尋ねもあり、楽しいお茶事になってきたように思われた。なごみのうちに、懐席も終り、炭点前となる。つぎに、香合の拝見になると、「付け干し」はどうして作ったのですかとか、こんな作り方とは失敗したとか、大変興味を持たれたようだ。やはりこの月ならではの楽しみだなあと感じた。

昔から茶人に愛された呉須赤絵の鉢に練り切りの主菓子を盛り、「お廻しを」とたのみ、中立の挨拶をして襖を閉めた。

すべてのものを慈しみ、偲ぶ気持ちが大切な十月。ここで、十月だから許されるものや、約束を述べることにしよう。

掛物は墨跡や懐紙より短冊とか茶人などの消息がよい。風炉は欠風炉の場合は藁灰・中置点前とする。

香は「寄せ香」、「付け干し」にする。

器も真塗りや朱のものは避け、侘びたものがふさわしい。

向付は「寄せ向」とか「呼び継」などが楽しめる。

八寸の木地は、何度も使った木地の八寸に漆を塗った塗八寸とする。箸も、今まで使った青竹の色さめた箸を使っていと惜しむことにする。

器もきずが許される。欠けてもつくろい、割れても継いで使い続けてきたような、愛情の念のこもった道具でもてなす。

懐席料理は春から夏にかけての感じを残す材料、夏の名残りと心得て献立をする。夏よりの材料を主体に構成し、それに秋の材料を添えるのが約束である。高級な材料はなるべく使わないこと。盛り付けは、ざんぐりでわびさびの気持ちをあらわす。例えば、のりなどは、きれいに切らず手でもみほぐすなど。

侘びの月の干菓子器は唐物の独楽盆が定石である。

花は残花や返り咲きが喜ばれる。


利休の「壁書七ケ条」に「露路の樹石天然の趣、其心を得ざる輩は、是よりすみやかに帰り去れ」とあるように、ビルの茶室といえども造り庭が施工されている。茶会でも急造の作庭に心を砕いている様子が窺える。単に形式的なものでなく、利休の心の伝統がそこにある。

後入りで陽の座となると、床は花に変る。今回の茶事の後入の床の籠には、白山吹の実、源平下野、河原撫子、野紺菊、きりん草を入れて掛けた。濃茶点前の用意ができると鳴り物を叩く。静寂のなかに、重く、軽く、重く流れてゆく。

釜の松籟のなかでの濃茶道具の配置は「信は荘厳よりおこる」である。濃茶の点前を通して茶の心が無言のうちに伝わり、育てられていくことを計算されていることに気付くだろう。だから無言が要求されているのだろうか。

昔は茶壺を氷室や江戸城の富士見櫓、京都の愛宕山に貯蔵されたそうだが、今日は、貯蔵技術の発達によって、年間色の変らぬ緑が当り前になっている。それだけ名残りの感動が薄くなったのかも知れない。

濃茶・薄茶と、どうにか終る。正客より「また呼んでください」の一言で、今日の一会を喜んでくださったのだなあと身勝手な受け取りだが、嬉しくなってきた。

躙口の閉まる音。素早く莨盆《たばこぼん》、菓子器を引き、躙口を開けると無言のうちに客の後ろ姿を見送る。外は秋風に露地の色づいた木々がかすかに揺れている。

あとがき

最近の低年齢者による悲惨な犯罪の多発に驚くばかりである。親も信じられない、子も信じられない、妻も信じられない、夫も信じられないという。つまり、家族が信じられない、教師が信じられない、友人も会社も社会も政治も信じられないと、老若男女を問わず思いはじめている。

そうであるから、「信頼感が希薄になりましたね」とは、よく耳にする言葉であり、よく言う言葉でもある今日である。

こうしたなかで、家族同士の殺人、特に子が親を、しかも母親を殺害するという惨事が起きている。

四季の自然は美しく、観光地は賑わい、食料、衣料品は街の各々の店頭に溢れている。教育は高学歴化し、科学技術が進歩したこの豊かな日本社会に、なぜ犯罪は増加しているのかと思う。こういう疑問にK大学教授は、日本人が正しい宗教を失っているからではないかと言っている。

現代社会は特定な宗教だけではなく、一般宗教に対しても無関心になっている。第二次世界大戦で敗戦国となると、「ついに神風は吹かなかったではないか」と、多くの国民は神も仏もあるものかと無神論者になった。それに対してA師は、「神風は吹いたではないか」と言われた。

明治以来、日本は欧米に追いつけ、追い越せと合理主義を追及し、いつしか国民も合理主義者のような錯覚に陥っていった。疑似合理主義国が本物の合理主義国へ戦を挑んだのが、第二次世界大戦である。

国の指導者たちが欺瞞と知りつつも、国民に勝利を信じさせた傲慢、かつ愚昧な行為に日本人は、敗戦という如来の鉄槌なくしては覚醒することは起こり得なかったであろう。その沈痛な打撃を受けたことを「神風が吹いた」といっているのであるという。

また、偽物の合理主義が本物の合理主義に敗れたのであり、本体の日本そのものは敗れたのではないといわれ、そのころ二十代だった私は、この言葉に力強さを感じたことを覚えている。

喉もと過ぎれば熱さを忘れるので、無神論者たちは、今度は雨後の筍のように興ってきた現世利益の宗教に、なりふりかまわず狂信的になっていった。そもそも新興宗教という名称は、税金対策上つけられたのだと聞いている。非課税対象の法人施設を整理するためにつけられた名称で、決して教義が新鮮で正しいということを証明するものではなかった。宗教と名のっているだけで、世俗の域を出ない。本当に世を救い、人を救うことになっていない。むしろ本当の宗教を現代人から奪ってしまったことになったといえるのではなかろうか。

一方、既成宗教の怠慢が、現代人を宗教の無関心へと向かわせた責任は大きい。

先にショッキングな、子どもの母親殺害と書いたが、そのような問題が、お釈迦さまの時代すでに、家庭の悲劇として取り上げられた経典がある。それは、『観無量寿経』である。

経典のなかの「禁母縁《ごんもえん》」では、阿闍世太子が自分の野望を邪魔しようとする母親を「我母是賊」と剣の鞘に手をかけたので、驚いた二人の大臣がすすみ出て言った。

「古い記録では王位欲しさに父王を殺害した王の数は一万八千にも及びますが、生みの母を殺害した記録はありません。そのような無道なことを実行されるなら、王の家柄に傷がつきます。私どもはそんな城には一刻もおりません」と身をもって制した。

すると太子は「大臣よわしを見捨てるのか」と言った。そこで大臣たちは、

「太子が母君を殺害することだけは思いとどまってくだされば」と懇願したので、太子は自らのあやまちを悔い、母親へ危害は加えなかったという。

ここには「恥」ということが生きている。心のブレーキの音が聞こえてくるようだ。「歎異抄」のなかの親鸞聖人のお言葉に「弥陀の本願には、老少善悪の人をえらばれず、ただ信心を要とすと知るべし」とある。「あなたを信じている、あなたを助ける」と言っている如来の声を信じるために、また、「自分が信じられていたということ」をうなずくために、私たちは苦労して聞法を重ねるわけである。

あるふれあいの日、障害のある子を持つ母親の子を想う熱い姿勢に接していると、私自身が自分は一人ではない、仏と共にあるのだという実感が湧いてくる。そうした保育園でのふれあいから、本書に取り組むことになった次第である。

前書と同様、今度も海鳥社の西俊明社長をはじめ、社員諸士に原稿整理、書名、カットと構成全体にいたるまでお世話になりましたことを銘刻し、厚くお礼申し上げます。

二〇〇三年十二月四日

高橋弘依

高橋弘依（たかはし・ひろえ）
1928（昭和３）年，福岡県に生まれる。大谷大学卒業。廣琳寺第二十四世住職となる。1952年，大刀洗保育園を設立，園長となり現在にいたる。著書に『私の保育考—育んで，学んで』『歎異抄に学ぶ』（共に海鳥社）がある。
現住所＝三井郡大刀洗町上高橋1714番２号

暮らしのなかの仏教

■

2004年３月１日　第１刷発行

■

著者　高橋　弘依
発行者　西　俊明
発行所　有限会社海鳥社
〒810-0074 福岡市中央区大手門３丁目６番13号
電話092(771)0132　FAX092(771)2546
http://www.kaichosha-f.co.jp
印刷・製本　有限会社九州コンピュータ印刷
ISBN 4-87415-475-1
［定価は表紙カバーに表示］